PARA CONHECER

Fonética e Fonologia do português brasileiro

COLEÇÃO
PARA CONHECER

Aquisição da Linguagem
Elaine Grolla e *Maria Cristina Figueiredo Silva*

Fonética e Fonologia do Português Brasileiro
Izabel Christine Seara, Vanessa Gonzaga Nunes e *Cristiane Lazzarotto-Volcão*

Linguística Computacional
Marcelo Ferreira e *Marcos Lopes*

Morfologia
Maria Cristina Figueiredo Silva e *Alessandro Boechat de Medeiros*

Norma Linguística
Carlos Alberto Faraco e *Ana Maria Zilles*

Pragmática
Luisandro Mendes de Souza e *Luiz Arthur Pagani*

Semântica
Ana Quadros Gomes e *Luciana Sanchez Mendes*

Sintaxe
Eduardo Kenedy e *Gabriel de Ávila Othero*

Sociolinguística
Izete Lehmkuhl Coelho, Edair Maria Görski, Christiane Maria N. de Souza e *Guilherme Henrique May*

Coordenadores da coleção
Renato Miguel Basso
Izete Lehmkuhl Coelho

Consulte nosso catálogo completo e últimos lançamentos em **www.editoracontexto.com.br**.

Izabel Christine Seara
Vanessa Gonzaga Nunes
Cristiane Lazzarotto-Volcão

PARA CONHECER

Fonética e Fonologia do português brasileiro

Montagem de capa e diagramação
Gustavo S. Vilas Boas

Ilustrações de miolo
Mateus Falk

Preparação de textos
Karina Oliveira

Revisão
Daniela Marini Iwamoto

Dados Internacionais de Catalogação na Publicação (CIP)
(Câmara Brasileira do Livro, SP, Brasil)

Seara, Izabel Christine
Para conhecer fonética e fonologia do português brasileiro / Izabel
Christine Seara, Vanessa Gonzaga Nunes, Cristiane
Lazzarotto-Volcão. – 2. ed., 6ª reimpressão. –
São Paulo : Contexto, 2025.

Bibliografia.
ISBN 978-85-7244-882-6

1. Português – Brasil 2. Português – Fonemática 3. Português –
Fonética 4. Português – Fonologia I. Nunes, Vanessa Gonzaga.
II. Lazzarotto-Volcão, Cristiane. III. Título.

14-10073	CDD 948

Índices para catálogo sistemático:
1. Fonemática : Português : Linguística   469.15
2. Fonética : Português : Linguística   469.15
3. Fonologia : Português : Linguística   469.15

2025

EDITORA CONTEXTO
Diretor editorial: *Jaime Pinsky*

Rua Dr. José Elias, 520 – Alto da Lapa
05083-030 – São Paulo – SP
PABX: (11) 3832 5838
contato@editoracontexto.com.br
www.editoracontexto.com.br

SUMÁRIO

APRESENTAÇÃO

Este livro fala sobre Fonética e Fonologia do português brasileiro (PB). Nosso objetivo é que o estudante, com base em sua própria língua, possa compreender os fenômenos relativos às propriedades articulatórias dos sons do português brasileiro e seu sistema fonológico.

A experiência em aulas de Fonética e Fonologia nos mostra que tratar desse conteúdo, fazendo referência a fenômenos e processos ocorridos na língua materna dos estudantes, facilita o aprendizado e permite aprofundar o conhecimento dos alunos em relação à sua língua e aos tópicos tratados. No entanto, tentar explicar o que ocorre quando falamos e por que falamos de uma maneira e não de outra não é tarefa fácil. Este livro traz um material sobre Fonética e Fonologia acessível a alunos de graduação e aos interessados na área. É, assim, uma introdução orientada ao mundo da Fonética e da Fonologia. O resultado é um texto no qual os termos técnicos, as teorias e seus postulados não são evitados, mas sim apresentados através de exemplos, que gradualmente familiarizam o leitor ao campo de estudo.

Sabemos que a Fonética já é por si só um campo árduo, uma vez que trata de elementos pouco palpáveis e lança mão de noções abstratas – afinal, a fala, a princípio, não parece ter forma. É comum que os livros sobre Fonética e Fonologia estimulem seus leitores a análises fonológicas de línguas indígenas ou mesmo hipotéticas, e aí, a nosso ver, temos um duplo problema. Além de ter de lidar com um elemento que parece não ter forma (o som), o

9

iniciante no assunto que nunca pensou a respeito da produção, funcionamento e sistematização da sua própria língua, deve levantar hipóteses sobre línguas desconhecidas. As intuições fonético-fonológicas dos falantes são muito fortes sobre esse tipo de análise; não nos despimos da nossa fonologia na hora de analisar outra língua. Por essa razão, tentamos focalizar, especialmente, os fenômenos aqui tratados no português brasileiro.

O capítulo "Introduzindo a Fonética e a Fonologia" faz uma discussão acerca do que é Fonética e do que é Fonologia, mostrando o quanto uma tem relação com a outra e que os olhares mais recentes sobre a relação entre essas duas disciplinas da Linguística não mais as veem de forma independente, em áreas distintas, como acontecia no início do século XX, em que a Fonética era tratada pelas Ciências Naturais e a Fonologia pelas Ciências Linguísticas. Ainda nesse capítulo, colocamos à disposição, já no início do livro, os símbolos de dois dos alfabetos fonéticos mais usados e que representarão os sons estudados e as relações letra-som. Apresentamos também os campos de estudo da Fonética e da Fonologia com suas interfaces.

O capítulo "Fonética" tem início com uma introdução ao processo de produção da fala, apresentando o aparelho fonador e o que distinguem vogais e consoantes no âmbito da Fonética Articulatória. Em seguida, trata das vogais, tanto orais quanto nasais, e dos encontros vocálicos (ditongos crescentes, decrescentes, tritongos e hiatos), voltados à sua constituição na fala, focalizando aspectos articulatórios. Na sequência, apresenta as consoantes e sua classificação, conforme modo, ponto de articulação e vozeamento. Nesse capítulo, assinalamos com o símbolo 🎧 cada um dos dados em que se tenha possibilidade de reprodução por meio digital; essa estratégia percorrerá todo o livro. Terminamos o capítulo com uma seção sobre transcrição fonética, ilustrada por diversos exemplos e por informações sonoras das transcrições exibidas no texto. A reprodução desses dados pode ser acessada on-line em <http://fonapli.paginas.ufsc.br/> e no link "Material complementar" em <https://www.editoracontexto.com.br/produto/para-conhecer-fonetica-e-fonologia-do-portugues-brasileiro/1493507>.

O capítulo "Fonologia" apresenta o sistema fonológico do português brasileiro, com seus fonemas, alofones, seu padrão silábico e acentual. Ensinamos a metodologia para identificar os fonemas de uma língua e mostramos como fazer uma análise desses fonemas, do ponto de vista tanto do estruturalismo quanto do gerativismo. O capítulo se encerra com uma definição dos fonemas do português brasileiro a partir de seus traços distintivos. As alterações que ocorrem em um som na cadeia da fala, em função das vizinhanças fonéticas, por exemplo – conhecidas como processos fonológicos – são vistas através de exemplos, formulados por regras fonológicas que explicitam os segmentos alterados, as modificações sofridas e as condições em que tais modificações se dão.

O capítulo "A Fonética, a Fonologia e o ensino" traz uma discussão sobre o uso, fora da academia, dos conteúdos tratados por este livro, como na escola, na alfabetização de adultos ou de crianças, além de tratar da questão do preconceito linguístico. Essas reflexões são importantes para aproximar a Fonética e a Fonologia do ambiente de ensino. Para futuros professores, muitas vezes é difícil saber como aproveitar os conhecimentos a respeito dessas duas disciplinas da Linguística em sala de aula. Além disso, muitos não têm noção da importância delas para o processo de alfabetização, na luta contra o preconceito linguístico e até na educação de jovens e adultos. É por isso que dedicamos a última parte deste livro a essa conversa entre Fonética, Fonologia e áreas intimamente ligadas ao ensino, como a Aquisição da Linguagem e a Psicolinguística. Nosso objetivo é mostrar aos estudantes como o entrelaçamento desses conhecimentos pode ser revelador ou incitador de hipóteses sobre a nossa língua. Esse caminho pode tornar o aprendizado menos árduo, mais interessante e o ensino, menos mecânico.

Sugerimos que você leia este livro na ordem em que os capítulos estão dispostos, pois, ao longo deles, iremos apresentar definições que serão pré-requisito para leituras subsequentes. Serão exibidas também transcrições fonéticas e/ou fonológicas, buscando a proficiência dos estudantes na transcrição de dados de fala, assim como exercícios que levam à reflexão sobre os conteúdos discutidos no livro. É claro que, quando você estiver mais proficiente, poderá pesquisar assuntos específicos, de seu próprio interesse, mas sempre lembrando que tentamos, a todo momento, conduzi-lo, respeitando o grau de complexidade que as discussões exigem.

INTRODUZINDO A FONÉTICA E A FONOLOGIA

Objetivo geral do capítulo:

⮑ fazer uma introdução a aspectos relacionados à Fonética e à Fonologia e aos fundamentos para a iniciação nessas áreas.

Objetivos de cada seção:

⮑ 1: apresentar as convergências e divergências entre os estudos fonéticos e fonológicos.

⮑ 2: apresentar os símbolos fonéticos a partir dos alfabetos de uso mais frequente: IPA e SAMPA.

⮑ 3: apresentar as áreas que têm intersecção com os estudos fonéticos/ fonológicos.

Neste capítulo, começaremos a refletir sobre o objeto de estudo da Fonética e da Fonologia: os sons da fala. Chamaremos a atenção para o fato de que, entre nós mesmos, brasileiros, falamos de maneira distinta e que mesmo assim nos compreendemos. Ainda neste capítulo, apresentaremos três formas de se fazer/estudar Fonética: a partir da articulação (Fonética Articulatória); a partir da física acústica (Fonética Acústica) e a partir da percepção (Fonética Perceptual). Lembramos, no entanto, que o foco neste livro será na Fonética Articulatória.

Para que você já vá se acostumando com a descrição da fala, que não é uma descrição ortográfica, mas feita através de símbolos convencionados

13

pela literatura fonética, indicaremos, logo de início, os símbolos usados para representar os sons da fala a partir dos dois alfabetos fonéticos mais usados pelos estudiosos da área.

Na discussão sobre Fonética e Fonologia, iremos nos dando conta de que a escrita está sempre influenciando nossos pensamentos sobre como falamos. E é por isso que, a partir deste momento, pedimos que você faça um esforço para tentar desvincular a letra do som. Como assim? Pode parecer muito óbvio para os que nunca refletiram sobre a língua que falam que as letras são os correlatos dos sons. Mas sabemos que isso não é bem verdade. Letras correspondem a sons, mas essa correspondência é bastante complexa. Se fosse uma correspondência como a que temos com o alfabeto fonético, ou seja, de um símbolo correspondendo a um único som, talvez bastasse apenas explicar, para uma criança em fase de alfabetização, que a letra 'x' está presente em palavras que têm um som semelhante àquele que inicia palavras como 'xícara' e 'xale' para que ela dominasse seu uso mais facilmente. Contudo, sabemos que esse mesmo som – mas não a letra 'x' – inicia também as palavras 'chave' e 'chuva'. Além disso, a letra 'x' está presente em palavras como 'exame', 'táxi' e 'explícito', correspondendo a sons bem diferentes em cada uma dessas palavras. Mesmo com tanta variação entre produção e escrita não nos confundimos na hora de falar e nem temos problemas de compreensão; é sobre essas relações que trataremos a seguir.

1. REFLETINDO SOBRE A FONÉTICA E A FONOLOGIA

A maior parte da literatura que trata de Fonética e Fonologia vem tentando fazer uma distinção entre elas que não tem convencido aqueles que se aventuram nos estudos sobre essas disciplinas da Linguística. Primeiramente, deve-se dizer que **tanto a Fonética quanto a Fonologia têm como objeto de estudo os sons da fala.** Ou, melhor dizendo, tanto a Fonética quanto a Fonologia investigam como os seres humanos produzem e percebem os sons da fala. Em segundo lugar, deve-se observar que é bastante difícil fazer Fonologia sem antes entender (ou fazer) Fonética. É preciso então conhecer um pouco mais sobre o *status* de cada uma dessas disciplinas, sem tentar fazer uma distinção simplista de suas funções ou modos de ação.

Podemos começar nossa reflexão lançando mão de uma discussão sobre Fonética e Fonologia que se tornou muito profícua entre os pesquisadores da área, apresentada por Clark e Yallop (1995).

Segundo essa reflexão, qualquer comunicação realizada através de línguas orais com sucesso, seja ela um simples cumprimento ou um elaborado discurso político, pressupõe alguns requisitos básicos com relação aos interlocutores: um funcionamento físico adequado do cérebro, dos pulmões, da laringe, do ouvido, dentre outros órgãos, responsáveis pela produção e audição (percepção) dos sons da fala. Além desses, deve haver o reconhecimento da pronúncia de cada um dos interlocutores, pois, mesmo que eles tivessem os órgãos da fala e da audição em perfeito estado, essa comunicação poderia não ter sucesso se um deles não compreendesse a língua falada pelo outro. Outro ponto importante a se considerar é a adequada interpretação das ondas sonoras (sons) emitidas pelo falante e captadas pelo ouvinte. Dessa maneira, observamos logo de início que a fala pode ser descrita sob diferentes aspectos, uns estão mais próximos do que vai se convencionar chamar de Fonética, outros mais próximos do que vai se convencionar chamar de Fonologia.

Podemos estudar a fala a partir da sua fisiologia, isto é, a partir dos órgãos que a produzem, tais como a língua, responsável pela articulação da maior parte dos sons da fala, e a laringe, responsável principalmente pela produção de "voz", que leva à distinção entre sons vozeados (sonoros) e não

> Lembrete:
> Estudos fonéticos estão atrelados a questões como:
> • características fisiológicas da produção dos sons de fala;
> • características acústicas dos sons de fala;
> • características perceptuais dos sons de fala.

vozeados (surdos), por exemplo. Podemos também estudar a fala a partir dos sons gerados pelos órgãos, chamados de fonadores, com base nas propriedades sonoras (acústicas) transmitidas por esses sons. Podemos ainda examinar a fala sob a ótica do ouvinte, ou seja, da análise e processamento da onda sonora quando acontece a percepção dos sons, dando sentido àquilo que foi ouvido. **Todos esses aspectos são considerados pela Fonética.**

A Fonética então é a área que estuda a produção de fala propriamente dita, e isso significa dizer que ela levará em consideração a variação linguística, a fisiologia dos indivíduos e as idiossincrasias relativas às características individuais dos falantes.

Dizemos que a **Fonética Articulatória** estuda o som do ponto de vista mais estritamente fisiológico. Se você colocar a mão espalmada sobre o pescoço e produzir um 's', ouvirá o ruído desse som, mas não sentirá o pescoço vibrar. Mas se você produzir um 'z' e mantiver a mão no pescoço, ouvirá um ruído e também sentirá o pescoço vibrar. Essa vibração é realizada pelo que chamamos de pregas vocais (órgãos que se encontram no pescoço, mais propriamente na laringe). O som sem essa vibração é chamado de surdo ou não vozeado e com essa vibração, de sonoro ou vozeado. Então, algumas das tarefas da Fonética Articulatória são: (i) observar se, durante a produção de um som, houve ou não vibração de pregas vocais, definindo se ele foi realizado como sonoro ou surdo, e (ii) descrever o movimento de língua dentro do trato vocal e o movimento dos demais órgãos responsáveis pela produção do som.

Para que você consiga acompanhar as explicações, vamos convencionar, como é mais comum entre os especialistas, que as letras – unidades de representação gráfica em um sistema de escrita – estarão sempre entre aspas simples '', que os grafemas – unidades de representação em um sistema de escrita que engloba letras, números e sinais de pontuação – estarão entre parênteses angulares < >, e que, quando transcrevemos fielmente a fala de alguém, estamos fazendo uma *transcrição fonética*. Quando for esse o caso, a produção desse som vai ser transcrita entre colchetes [ ] e cada som descrito será chamado de fone. Falaremos então de letras como 's', 'c', 'q', 'u', 'h', observando que foneticamente elas têm comportamentos distintos. Considere, por exemplo, a pronúncia das palavras 'saco', 'asa', 'assa', 'cebola', 'quero', 'lua', 'hoje' e 'chato', que são exemplos dos grafemas <s>, <ss>, <c>, <qu>, <u>, <h>, <ch>, e observe como são pronunciados esses grafemas nessas palavras: [s]aco, a[z]a, a[s]a, [s]ebola, [k]ero, l[u]a, [ ]oje, [ʃ]ato. Não se preocupe se, nesse momento, você não reconhecer todos os símbolos entre colchetes; eles serão vistos mais à frente. O que é importante é você ver que, em algumas situações, os grafemas correspondem a duas letras e que esses grafemas têm sons semelhantes ou podem até não corresponder a um som, como ocorre com a palavra 'hoje'. Você agora já começa a se dar conta de algumas das relações de que trataremos neste livro.

Portanto, a Fonética Articulatória se encarrega de descrever a realização dos sons, levando em consideração os parâmetros fisiológicos dos nossos articuladores. Vejamos como isso pode ser feito. Por exemplo, pronuncie a palavra 'sagu' e perceba como é realizada a vogal 'a'. Nessa produção, há a livre passagem do ar pelo trato vocal – a boca. Experimente pronunciá-la tomando consciência dos movimentos da língua, lábios e mandíbula. Não há nenhum impedimento ou bloqueio enquanto essa vogal é realizada – o ar simplesmente sai por sua boca. Além disso, para a produção desse som, ou, mais tecnicamente, do fone [a], a língua deve estar abaixada e centralizada na boca, e a mandíbula também deve se abaixar. Esses movimentos, que a língua efetuou para a produção de [a], caracterizam essa vogal como baixa e central. Notamos ainda que os lábios estão abertos. Vamos agora refletir sobre os movimentos necessários para a produção do 'u' final da palavra 'sagu'. Nesse caso, a parte posterior da língua (o dorso) deve fazer um movimento para cima e para trás, o que caracteriza essa vogal como alta e posterior (note que "posterior" aqui significa movimento "para trás", indo dos lábios para o fundo da boca). Se você quiser perceber ainda mais como se modifica a configuração de língua e lábios para a produção de vogais distintas, pronuncie em voz alta a sequência [i, u]. Perceba que, para a produção de [i], você tem os lábios estirados e a língua anteriorizada. Quando você produz [u], o dorso da língua faz o movimento para trás e os lábios se prolongam, aproximando-se. Faça isso com outras vogais e perceba quais modificações ocorrem. Já refletiu? Então, vamos voltar para a palavra 'sagu'. Sua representação sonora será [sa'gu]; o símbolo ['] identifica a sílaba tônica e deve precedê-la.

Pronuncie desta vez a palavra 'tala'. Observe como a pronúncia do primeiro 'a' é diferente da produção do segundo 'a' dessa mesma palavra. Essa diferença tem a ver com a proeminência dada ao primeiro 'a', que pertence a uma sílaba tônica [a], parecendo nesse caso ter uma pronúncia mais "clara" do que a do segundo 'a'. Por conta disso, transcrevemos foneticamente a palavra 'tala' como ['talɐ], indicando com símbolos diferentes os dois sons distintos de 'a'. Note que colocamos novamente um pequeno sinal ['] antes da sílaba acentuada – lembre que esse sinal marca justamente a maior proeminência dessa primeira sílaba, ou seja, a sílaba acentuada.

Tomemos mais um caso que pode nos ajudar a perceber a variação na realização dos sons da língua: a pronúncia do 'l' em final de sílaba ou de

17

palavra que, na maioria das regiões do Brasil, é realizada como uma vogal, ou seja, é vocalizada. Por exemplo, as palavras 'sal' ou 'bolsa' são pronunciadas como ['saw] e ['bowse], respectivamente. (O símbolo [w] soa como o som do grafema <u>). Mas

> Vamos tentar nos acostumar com uma nomenclatura mais apropriada para a área. Quando uma consoante é produzida como uma vogal, dizemos que houve vocalização. Anote a palavra *vocalização*; você a entenderá melhor quando estivermos mais proficientes na arte de pensar sobre a nossa língua.

poderíamos ter como pronúncia desse 'l' final das palavras o som [ɫ], produzido, por exemplo, em regiões do Rio Grande do Sul; essa produção, chamada de velarizada, soa como um 'l' realizado com a sensação de que a língua se volta para trás, e assim podemos produzir, por exemplo, ['saɫ] e ['boɫse]. A diferença entre essas pronúncias tem a ver com a sequência de movimentos articulatórios relacionados à produção de laterais que explicitaremos mais adiante no capítulo "Fonética".

O que vimos nesses últimos parágrafos são exemplos de realização dos sons distintos, levando em consideração modificações que acontecem no trato vocal, ou seja, que são identificados a partir de uma descrição dos parâmetros fisiológicos dos nossos articuladores.

Considerando os diferentes falares que encontramos no Brasil, certamente somos capazes de dizer se um indivíduo é nordestino ou carioca, além de sermos capazes de dizer rapidamente se determinado som produzido pertence ou não à nossa língua. Essa capacidade que temos de discriminar falares como sendo de uma região e não de outra, ou de identificar um som como sendo da nossa língua materna ou não, é objeto de pesquisa da **Fonética Auditiva ou Perceptual**. Essa linha da Fonética tenta entender como os sons são tratados no aparelho auditivo e como são decodificados pelo nosso cérebro (ou pela nossa mente).

Quando, por exemplo, os foneticistas (aqueles que pesquisam sobre Fonética) querem estudar mais a fundo as características dos sons da fala, eles gravam os informantes, e as gravações são analisadas fisicamente, ou seja, são analisadas as propriedades do sinal sonoro com o arcabouço teórico da Física. Nesse caso, a produção sonora será investigada com o auxílio de equipamentos tecnológicos e vai ser avaliada a partir de parâmetros acústicos; estamos assim adentrando a **Fonética Acústica**. Se tomarmos os mesmos exemplos anteriores de pronúncia do 'a' ou a vocalização/velarização do 'l', poderemos analisar esses sons através de analisadores espectrais, usando recursos digitais. Poderemos ainda visualizar esses sons a partir de seus pulsos glotais (da vibração das pregas vocais) ou a partir das frequências de ressonância emitidas pelo trato oral geradas na produção dos diferentes sons de 'a', como exemplifica a Figura 1.

Figura 1: Sinal acústico da vogal [a] na palavra 'pata' (['patɐ]).
No círculo, uma vibração das pregas vocais ou, mais tecnicamente,
um pulso glotal, referente à vogal [a] da sílaba acentuada (['pa]).

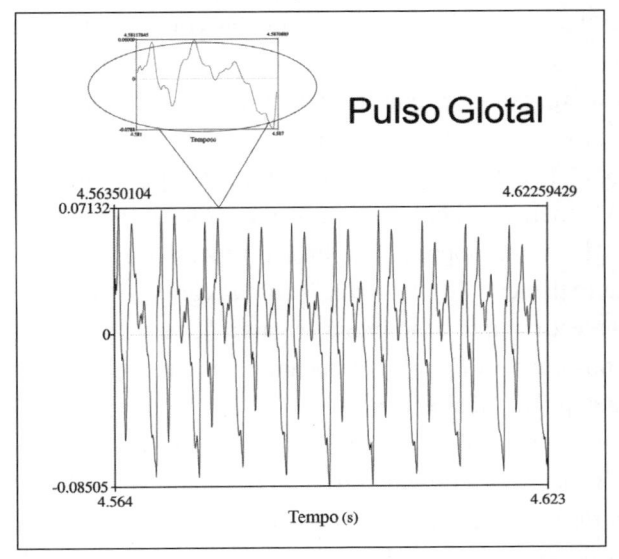

Toda essa informação tirada do sinal acústico nada mais é do que o registro do que foi falado e é fruto de um processo que começa com o ar saindo dos pulmões. Tentando explicar de uma maneira bem simples: os sons da maioria das línguas naturais, como os dos português brasileiro, nascem a partir do momento em que o ar sai dos pulmões; a contração dos pulmões gera a expulsão do fluxo de ar que faz vibrar as pregas vocais; esse fluxo de ar, passando pelas pregas vocais, excita o trato vocal que funciona como uma caixa ressoadora e amplifica as frequências naturais desse tubo (o trato vocal), gerando os sons que ouvimos.

O paulista, o sulista, o nordestino falam de maneira distinta, mas isso não implica impossibilidade de comunicação. Um bom exemplo para entendermos melhor onde atuam a Fonética e a Fonologia é o processo de palatização que ocorre na produção das palavras 'tia' e 'dia'. Vamos explicar melhor: se um carioca produzir as palavras 'tia' e 'tapa', você irá perceber que o 't' que inicia essas palavras é produzido de uma forma particular. Diante de [i], esse 't' terá um ruído, uma fricção, que não ocorre quando o carioca produz o 't' da palavra 'tapa'. Diz-se, então, que, no português brasileiro, temos os sons africados (esses sons de 't' e 'd' produzidos com ruído, chamados de palatalizados), representados pelos fones [tʃ] e [dʒ] diante de [i]. Mas também temos os sons [t] e [d] diante das demais vogais. Assim, as palavras 'tia' e 'tapa' poderiam ser pronunciadas como [ˈtʃiɐ] e [ˈtapɐ] 🎧 . No entanto, não serão todos os falares do português brasileiro que apresentarão essa produção africada. Na fala florianopolitana, por exemplo, não ocorre a palatização dessas consoantes e a palavra 'tia' pode ser pronunciada como [ˈtiɐ] 🎧 , com [t] como em [ˈtapɐ], ou como [ˈtʰiɐ] 🎧 , em que há uma leve aspiração. A Fonética vai então descrever se os sons foram realizados como [t], [tʰ] ou [tʃ] e a Fonologia irá explicar o processo sistemático que gera as mutações da realização de 't' através de uma regra. Tal regra explicitará por que isso acontece e o que condiciona as variações em nossa pronúncia. Mais tarde, veremos como a Fonologia encara essas produções e que regras ela postula para explicar tal situação.

Tomemos mais um exemplo. Se pronunciarmos as palavras 'faca' e 'vaca', realizadas, respectivamente, como [ˈfakɐ] e [ˈvakɐ], haverá diferença de sentido entre elas, certo? E isso se dá pela diferença entre os dois sons iniciais dessas palavras, [f] e [v], respectivamente. Essa diferença está naquela vibração que se percebe ao se colocar a mão espalmada sobre o pescoço e da qual já comentamos anteriormente para o par [s] e [z] – é a vibração das pregas vocais. Assim, um par de sons que tem a função de distinguir o significado de palavras no português brasileiro é foco de estudo da Fonologia, e esses sons passam então a ser anotados entre barras inclinadas para a direita, como em /f/aca e /v/aca. Nesse caso, esses **sons que distinguem palavras são chamados de fonemas** pela Fonologia. É interessante você notar, logo de saída, que nem todos os sons capturados pela Fonética são usados no sistema fonológico de uma língua; em outras palavras, nem todos os fones são fonemas. Como exemplo, pense no par [t] e [tʃ] – apesar de serem sons bastante distintos (fones), eles não são usados para diferenciar palavras no português (não são fonemas, portanto), já que [t]ia e [tʃ]ia têm o mesmo significado em PB.

Como pudemos observar até agora, a Fonética está preocupada em descrever articulatoriamente, perceptualmente ou acusticamente as produções que ocorrem de fato. Vimos também que as produções das palavras do português brasileiro exibem muitas variantes. Além disso, notamos que, mesmo algumas vezes havendo muitas diferenças entre as produções, há compreensão entre os falantes. A Fonologia, no entanto, não está preocupada em descrever ou identificar as variantes no fluxo contínuo da fala. Sua preocupação é tratar de sons que distinguem o significado das palavras, além de organizar, postular regras e entender como se dá a variação na realização efetiva dos sons. É claro que, para fazer isso, precisamos nos apoiar em algumas propostas teóricas e cada teoria pode explicar as variações de sua própria maneira. Então, uma análise fonológica deve ter uma teoria subjacente. Porém, nem sempre uma única teoria dará conta de explicar todos os fenômenos de uma determinada língua.

> Então, se a Fonética está preocupada em descrever e identificar os sons da fala – a produção de fato –, a Fonologia, por sua vez, tem por objetivo descrever aquilo que é distintivo, aquilo que tem função na língua. Em outras palavras, o estudo da Fonologia neutraliza as variações intrínsecas à produção dos sons pelos falantes para explicar como ocorre o processo de comunicação e os fenômenos sistemáticos das línguas naturais.

É consenso que a fala tem como principal objetivo o aporte de significado, mas, para que isso ocorra, ela deve se constituir em uma atividade sistematicamente organizada. O estudo dessa organização, que é dependente de cada língua, é considerado Fonologia. Assim, a Fonologia pode ser vista como a organização da fala de línguas específicas segundo os postulados de uma dada teoria. Logo, poderíamos dizer que uma descrição de como segmentos vocálicos (vogais) individuais podem ser produzidos e percebidos seria fornecida pela Fonética, já uma descrição das vogais ou do sistema vocálico do PB seria proporcionada pela Fonologia.

Vamos a mais alguns exemplos do que se pode investigar sobre o português brasileiro nesses dois campos de estudo que se complementam mutuamente. Antes de mais nada, é preciso relembrar que, quando falamos de vogais e consoantes, referimo-nos a sons e não a letras. Assim, palavras como 'cassado' [ka'sadʊ] e 'caçado' [ka'sadʊ] possuem foneticamente as mesmas consoantes e vogais, apesar de serem grafadas com letras e grafemas diferentes. Por sua vez, palavras como (o) 'olho' (substantivo) e (eu) 'olho' (verbo) (['oʎʊ] e ['ɔʎʊ], respectivamente) apresentam foneticamente vogais diferentes, mesmo sendo grafadas com letras iguais. E ainda, como já vimos, a diferença entre [z] e [s] está na vibração ou não das pregas vocais, encontradas na laringe, como se percebe nas palavras 'casa' ['kazɐ] e 'caça' ['kasɐ], respectivamente. Isso pode ser alargado para a observação atenta de que, na grafia das palavras 'mesmo' ['mezmʊ] e 'mescla' ['mɛsklɐ], a letra 's' corresponde a dois sons diferentes, conforme pode ser observado nas respectivas transcrições fonéticas. Isso se deve à característica de vibração das pregas vocais (ou, mais tecnicamente, de vozeamento) da consoante que segue a letra 's'. No primeiro caso, o da palavra 'mesmo', a consoante que a segue é [m] que é produzida com a vibração das pregas vocais (ou seja, ela é sonora ou, usando um termo da área de acústica, ela é vozeada) e, no segundo caso, o da palavra 'mescla', que tem na sequência [k], produzida sem a vibração das pregas vocais (é uma consoante surda ou não vozeada). Assim, no primeiro caso, da palavra 'mesmo', teremos [z] que assimilou a sonoridade do som [m] que o segue e, no segundo caso, da palavra 'mescla', temos [s], que é surdo, como o som [k] que o segue. Estudaremos mais adiante esses processos com maior profundidade. Agora, basta entendermos que palavras grafadas com o mesmo grafema, no caso <s>, podem ter esse grafema sendo produzido de maneira distinta a partir de um processo natural da fala e assim adquirir valores fonéticos distintos. No caso deste grafema, a "modificação" se deu por influência do som que o sucede: em 'mesmo', o <s> se realizou como [z], ou seja, como sonoro, porque depois dele havia um [m] que se realiza com vibração das pregas vocais. O trato vocal já se antecipa e se configura para atender a demanda do [m] e o 's' assimila o vozeamento.

Para um último exemplo, podemos verificar também, a partir de estudos apropriados desenvolvidos no âmbito da Fonética, que vogais diante das consoantes vozeadas como [d] e [g] são mais longas do que diante das consoantes surdas como [t] e [k], por exemplo, em palavras como 'coda/gota' (['kɔdɐ]/['gotɐ], respectivamente).

Essas abordagens são exemplos de estudos sobre os sons do português brasileiro. Aquelas que dizem respeito às medidas de duração de vogais diante de certas consoantes ou ao comportamento da laringe durante o vozeamento e as suas consequências acústicas são julgadas abordagens mais fonéticas do que fonológicas. Por sua vez, aquelas que tentam identificar as características que distinguem as vogais do português brasileiro; classificar os sons como vozeados e não vozeados; formular regras que têm por objetivo estabelecer padrões de vozeamento de consoantes surdas diante de consoantes sonoras; ou ainda classificar os sons como fonemas de uma determinada língua ou apenas variantes de um determinado fonema, são julgadas abordagens mais fonológicas do que fonéticas. Você se lembra da explicação dada para a modificação de [s] em [z] na palavra 'mesmo'? A partir do momento que entendemos que essa modificação é sistemática, ou seja, que todo som [s] diante de um som vozeado se torna vozeado por um processo de assimilação de vozeamento, estamos montando uma regra, organizando o nosso conhecimento, e então estamos entrando nos domínios da Fonologia. Por isso, a dificuldade de separar as duas disciplinas, que se imbricam e se justificam a todo momento.

Parece que podemos considerar então que os foneticistas lidam com medidas precisas, amostragem do sinal de fala, estatísticas, enquanto os fonólogos lidam com a organização mental da linguagem, com as distinções sonoras concernentes a línguas em particular, identificando os sons que servem para distinguir uma palavra de outra, ou as regularidades de distribuição dos sons captadas a partir daquilo que o falante produz, ou ainda os princípios que determinam a pronúncia das palavras, frases e elocuções de uma língua.

Outra tentativa de diferenciar Fonética e Fonologia está relacionada à característica de universalidade concedida à Fonética, uma vez que ela trataria de aspectos mais gerais da produção dos sons da fala, enquanto a Fonologia trataria de aspectos mais específicos das línguas naturais em particular. No entanto, essa tentativa cai por terra quando pensamos que mesmo a Fonologia tem procurado estabelecer notações e terminologias universais para descrever a organização sonora de várias línguas do mundo. E, mesmo sob um enfoque mais fonético, tem-se estudado articulatória e acusticamente segmentos de línguas específicas, não somente características gerais.

Ainda outra maneira de diferenciar Fonética de Fonologia está relaciona-da ao fato de que estudiosos da Fonética analisam como se dá a articulação de um segmento (a Fonética Articulatória) ou que parâmetros acústicos caracte-rizam um determinado sinal de fala (a Fonética Acústica) ou ainda como esse sinal de fala é percebido pelos ouvintes (Fonética Perceptiva). A Fonética é então empirista porque se apoia na experiência da fala, todavia, tanto a investi-gação de sistemas linguísticos quanto a investigação da organização mental da fala, realizadas pela Fonologia, também são baseadas na observação.

Devido à reflexão que acabamos de apresentar, vamos dizer que a separação que faremos neste livro da Fonética e da Fonologia serve apenas como apoio didático para uma apresentação mais clara de todos os aspec-tos envolvidos na construção de significados sob esses dois olhares. Como adiantamos anteriormente, a língua que será evidenciada pela Fonologia será o português brasileiro, e as características fonéticas discutidas tam-bém serão referentes a essa língua.

2. OS ALFABETOS FONÉTICOS E A CORRESPONDÊNCIA LETRA-SOM

Nesta seção, vamos apresen-tar os dois alfabetos de transcrição de dados mais usados para repre-sentar os sons da fala – o Alfabeto Fonético Internacional (AFI), tam-bém conhecido por sua sigla em

> IPA (International Phonetic Alphabet) será a sigla empregada neste livro quando estivermos nos referindo ao Alfabeto Fonético Internacional, pois ela é mais conhecida na versão em inglês (IPA) do que em português (AFI).

inglês IPA (International Phonetic Alphabet), e o Speech Assessment Methods Phonetic Alphabet (SAMPA). Essa apresentação inicial é fundamental, uma vez que usaremos transcrições de dados ao longo de todos os capítulos des-te livro. Iniciaremos, então, pela apresentação do Alfabeto Fonético Inter-nacional (AFI) e, na sequência, mostraremos o Alfabeto SAMPA, que é uma alternativa para transcrição, por exemplo, quando não temos em mãos as fontes fonéticas que são formadas, entre outras, por muitas letras gregas e símbolos próprios. Para cada um dos alfabetos, mostraremos a sua respec-tiva tabela de símbolos fonéticos. Na seção final deste capítulo, trataremos das correspondências entre letras e sons do PB.

2.1. O Alfabeto Fonético Internacional (AFI)

O Alfabeto Fonético Internacional, AFI ou IPA, é um sistema de notação fonética, criado pela Associação Fonética Internacional para que houvesse uma padronização na transcrição de dados de diferentes idiomas. O IPA possui 106 letras, 32 sinais diacríticos e 33 marcas suprassegmentais.

Vemos então que os símbolos do IPA são divididos em três categorias: letras (que indicam os sons básicos), diacríticos (que especificam esses sons quando as letras não dão conta do detalhe de produção) e os suprassegmentos (que indicam as características prosódicas, como velocidade de fala, tom, acento tônico etc.). Essas duas últimas categorias serão apresentadas somente na seção de transcrição fonética devido às suas especificidades.

Nas colunas do IPA (Tabela 1), quando os sons aparecem em pares, o da esquerda é o som surdo (produzido sem vibração de pregas vocais) e o da direita o sonoro (produzido com vibração de pregas vocais). Considere, por exemplo, o caso do par [p b]: o símbolo da esquerda ([p]) representa o som surdo e o símbolo da direita ([b]), o sonoro. Quando apenas um som é apresentado, ele é em geral sonoro, como é o caso de [m]. Os símbolos do IPA podem ser acessados no endereço eletrônico: <http://pt.wikipedia.org/wiki/Alfabeto_fonético_internacional> e todos os sons podem ser ouvidos no endereço eletrônico: <http://www.phonetics.ucla.edu/course/chapter1/chapter1.html>.

Tabela 1: Símbolos do Alfabeto Fonético Internacional.

O alfabeto fonético internacional (atualizado em 2005)
Consoantes (mecanismo de corrente de ar pulmonar)

	bilabial	labiodental	dental	alveolar	pós-alveolar	retroflexa	palatal	velar	uvular	faringal	glotal
Oclusiva	p b			t d		ʈ ɖ	c ɟ	k g	q ɢ		ʔ
Nasal	m	ɱ		n		ɳ	ɲ	ŋ	ɴ		
Vibrante	ʙ			r					ʀ		
Tepe (ou flepe)		ⱱ		ɾ		ɽ					
Fricativa	ɸ β	f v	θ ð	s z	ʃ ʒ	ʂ ʐ	ç ʝ	x ɣ	χ ʁ	ħ ʕ	h ɦ
Fricativa lateral				ɬ ɮ							
Aproximante		ʋ		ɹ		ɻ	j	ɰ			
Aprox. lateral				l		ɭ	ʎ	ʟ			

Em pares de símbolos tem-se que o símbolo da direita representa uma consoante vozeada. Acredita-se ser impossível as articulações nas áreas sombreadas.

Consoantes (mecanismo de corrente de ar não pulmonar)

Cliques	Implosivas vozeantes	Ejectivas
ʘ bilabial	ɓ bilabial	ʼ como em
ǀ dental	ɗ dental/alveolar	pʼ bilabial
ǃ pós-alveolar	ʄ palatal	tʼ dental/alveolar
ǂ palatoalveolar	ɠ velar	kʼ velar
ǁ lateral alveolar	ʛ uvular	sʼ fricativa alveolar

Vogais

anterior   central   posterior

fechada (ou alta) i•y ——— ɨ•ʉ ——— ɯ•u

IY   ʊ

meia-fechada (ou média-alta) e•ø ——— ɘ•ɵ ——— ɤ•o

ə

meia-aberta (ou média-baixa) ɛ•œ ——— ɜ•ɞ ——— ʌ•ɔ

æ   ɐ

aberta (ou baixa) a•ɶ ——— ɑ•ɒ

Quando os símbolos aparecem em pares aquele da direita representa uma vogal arredondada.

Outros símbolos

ʍ	fricativa labiovelar desvozeada	ɕʑ	fricativas vozeadas epiglotal
w	aproximadamente labiovelar vozeada	ɺ	flepe alveolar lateral
ɥ	aproximadamente labiopalatal vozeada	ɧ	articulação simultânea de ʃ e X
H	fricativa epiglotal desvozeada		Para representar consoantes africadas e uma articulação dupla utiliza-se um elo ligando os dois símbolos em questão.
ʕ	fricativa epiglotal vozeada		
ʡ	oclusiva epiglotal	k͡p t͡s	

Suprassegmentos

ˈ	acento primário
ˌ	acento secundário
	ˌfoʊnəˈtiʃən
ː	longa eː
ˑ	semilonga eˑ
˘	muito breve ĕ
.	divisão silábica ɹi.ækt
ǀ	grupo acentual menor
‖	grupo entonativo principal
‿	ligação (ausência de divisão)

Tons e acentos nas palavras

Nível		Contorno	
e̋ ou ˥	muito alta	ě ou ˩˥	ascendente
é ˦	alta	ê	˥˩ descendente
ē ˧	média	ě	˧˥ alto ascendente
è ˨	baixa	ě	˩˧ baixo ascendente
e̋	muito baixo	ẽ	˧˩˧ ascendente-descendente etc.
↓ downstep		↗ ascendência global	
(quebra brusca)			
↑ upstep		↘ descendência global	
(subida brusca)			

Diacríticos Pode-se colocar um diacrítico acima de símbolos cuja representação seja prolongada na parte inferior, por exemplo ŋ̊

̥ desvozeado	n̥ d̥	̤ voz. sussurrado	b̤ a̤	̪ dental	t̪ d̪
̬ vozeada	s̬ t̬	̰ voz tremulante	b̰ a̰	̺ apical	t̺ d̺
ʰ aspirada	tʰ dʰ	̼ linguolabial	t̼ d̼	̻ laminal	t̻ d̻
̹ mais arred.	ɔ̹	ʷ labializado	tʷ dʷ	̃ nasalizado	ẽ
̜ menos arred.	ɔ̜	ʲ palatalizado	tʲ dʲ	ⁿ soltura nasal	dⁿ
̟ avançado	u̟	ˠ velarizado	tˠ dˠ	ˡ soltura lateral	dˡ
̠ retraído	e̠	ˤ faringalizado	tˤ dˤ	̚ soltura não audível	d̚
̈ centralizada	ë	̴ velarizada ou faringalizada	ɫ		
̽ centraliz. média	e̽	̝ levantada	e̝ (ɹ̝ = fricativa bilabial vozeada)		
̩ silábica	n̩	̞ abaixada	e̞ (β̞ = aproximante alveolar vozeada)		
̯ não silábica	e̯	̘ raiz da língua avançada	e̘		
˞ roticização	ɚ a˞	̙ raiz da língua retraída	e̙		

* A Associação Internacional de Fonética gentilmente autorizou a reprodução desta Tabela Fonética.

(Disponível em: <http://pt.wikipedia.org/wiki/Alfabeto_fon%C3%A9tico_internacional>. Acesso em 02 jun. 2008)

Como adiantamos, outro alfabeto muito usado em transcrição de dados é o SAMPA. Vejamos algumas informações sobre ele na seção a seguir.

2.2. O SAMPA

Para lembrarmos, SAMPA é a sigla de Speech Assessment Methods Phonetic Alphabet (Alfabeto Fonético dos Métodos de Avaliação da Fala); trata-se de um sistema de escrita fonética legível por computadores. Tem como base o Alfabeto Fonético Internacional (IPA) e pode ser acessado no endereço eletrônico: <http://en.wikipedia.org/wiki/SAMPA>.

O SAMPA foi desenvolvido originalmente no final da década de 1980 e tenta adotar o máximo de caracteres do IPA. Quando isso não é possível, outros sinais disponíveis são usados. Por exemplo, o símbolo [@] que corresponde ao 'e' do português europeu na palavra em 'doce' ["dos@], que corresponde à vogal [ɨ] do IPA; ou ainda o símbolo [6] que corresponde a um som vocálico do português brasileiro em posição não acentuada em final de palavra como na palavra 'toda' ["tod6]. No IPA, o símbolo que corresponde a essa vogal final não acentuada é o [ɐ].

É importante notar que os símbolos do SAMPA são adaptados diferentemente para cada uma das línguas que transcreve e por isso um dado conjunto desses símbolos só é válido para o idioma ao qual ele foi adaptado, portanto pode haver conflito entre símbolos SAMPA de idiomas diferentes (i.e., um mesmo símbolo pode ter valores diferentes a depender do idioma). Na Tabela 2, apresentamos os símbolos especificamente usados para dar conta dos sons do português.

O SAMPA foi criado como alternativa para solucionar a impossibilidade das codificações de texto de representar os símbolos do IPA. Contudo, hoje

> As aspas (") no SAMPA correspondem ao sinal que marca a sílaba acentuada.

em dia, isso já não é mais um problema sério, uma vez que conseguimos baixar facilmente fontes fonéticas em nossos computadores. Mas há ainda situações nas quais temos alguma dificuldade com o uso do IPA e, nesses casos, podemos usar os símbolos do SAMPA.

Tabela 2: Símbolos fonéticos usados pelo sistema de escrita fonética
SAMPA para o português.

Símbolo	Palavra	Transcrição
Oclusivas		
p	pai	paj
b	barco	"barku
t	tenho	"teJu
d	doce	"dos@
k	com	ko~
g	grande	"gr6nd@
Fricativas		
f	falo	"falu
v	verde	"verd@
s	céu	sEw
z	casa	"kaz6
S	chapéu	S6"pEw
Z	joia	"ZOj6
Nasais		
m	mar	mar
n	nada	"nad6
J	vinho	"viJu
Líquidas		
l	lanche	"l6nS@
L	trabalho	tr6"baLu
r	caro	"karu
R	rua	"Ru6

Vogais				
i	vida	"vid6	lápis	"lapiS
e	fazer	f6"zer		
E	belo	"bElu		
a	falo	"falu		
6	cama	"K6m6	madeira	m6"d6jr6
O	bola	"bOl6		
o	lobo	"lobu		
u	jus	ZuS	futuro	fu"turu
@	felizes	f@"liz@s		
i~	fim	fi~		
e~	emprego	e~"pregu (ou em-)		
6~	irmã	ir"m6~		
o~	bom	bo~		
u~	um	u~		
aw	mau	maw etc.: iw, ew, Ew, (ow)		
aj	mais	majS etc.: ej, Ej, Oj, oj,		
6~j~	têm	t6~j~ etc.: e~j~, o~j~, u~j~		

Outros símbolos	
"	Acento tônico primário (posto antes da sílaba tônica)
%	Acento tônico secundário (posto antes da sílaba tônica)
•	Separador silábico

2.3. A correspondência letra-som no português brasileiro

Apresentamos nos Quadros 1 e 2, a seguir, as correspondências entre os sons vocálicos e consonantais do português brasileiro e suas letras correspondentes. Pode parecer precipitada a apresentação da correspondência letra-som do português brasileiro nesse momento inicial. Porém, consideramos que os

Por ora, vamos falar na relação letra-som, pois é a isso que temos acesso quando analisamos a língua oral e escrita. Contudo, é importante que o leitor compreenda que há mais outras duas unidades de análise: o fonema e o grafema. Essas unidades são abstratas e serão discutidas nos capítulos "Fonologia" e "A Fonética, a Fonologia e o ensino".

Quadros 1 e 2 darão uma maior evidência das relações entre os símbolos da escrita (com os quais os sujeitos letrados estão habituados) e os sons a que correspondem. Mesmo que os símbolos fonéticos ainda não estejam muito claros, os leitores terão noção de como produzem as palavras exemplificadas nos quadros, e assim vão gradualmente percebendo melhor as suas respectivas correspondências sonoras a partir das letras.

Como vimos, as letras são unidades formais mínimas da escrita e não da fala. Nesse primeiro olhar sobre os Quadros 1 e 2, já é possível notar que existem muitas letras que representam o mesmo som e muitos sons semelhantes que são representados por letras diferentes. Essa é uma percepção necessária e fundamental para o que vamos discutir neste livro. Sobre os quadros, note que, na coluna "Sons", usamos os símbolos do IPA, e aconselhamos você a consultar a Tabela 1 quando tiver dúvidas sobre algum símbolo.

Quadro 1: Correspondências entre letras e sons referentes às vogais do PB.

Letras	Exemplos	Sons
a, á, à	ata – pássaro – à	[a]
a átono em final de palavra	seita	[ɐ]
am, an, ã, â	amplo – canta – lã – tâmara	[ɐ̃]
e, ê	lemos – êxito	[e]
e átono em final de palavra	pele	[ɪ]
e, é	pede – sério	[ɛ]
em, en	exemplo – entre	[ẽ]
i, í	ida – sítio	[i]
i átono junto a outra vogal	sai	[j]
im, in	impor – cinto	[ĩ]
o, ô	cantor – cômodo	[o]
o átono em final de palavra	pato	[ʊ]
o, ó	pode – ódio	[ɔ]
om, on, õ	tombo – onde – põe	[õ]
u, ú	uva – úvula	[u]
u átono junto a outra vogal	mau	[w]
um, un	umbigo – juntar	[ũ]

Quadro 2: Correspondências entre letras e sons referentes às consoantes do PB.

Letras	Exemplo	Sons
p	pato	[p]
b	bato	[b]
t	todo	[t]
t seguido de i	tia (depende do dialeto)	[tʃ] [t]
d	data	[d]
d seguido de i	dia (depende do dialeto)	[dʒ] [d]
f	faca	[f]
v	vaca	[v]
c seguido de a, o, u	cota	[k]
c seguido de e, i	cinema	[s]
qu (com 'u' não pronunciado)	quilo	[k]
qu (com 'u' pronunciado)	quase	[kw]
k	Kátia	[k]
ch	chato	[ʃ]
nh	ganho	[ɲ]
lh	talho	[ʎ]
m em início de sílaba	moda	[m]
n em início de sílaba	nada	[n]
rr	corrida (depende do dialeto)	[x] [r] [h]
r em início de palavra	roda (depende do dialeto)	[x] [r] [h]
r entre vogais ou em encontros consonantais 'pr', 'vr' etc.	aro ou prato	[ɾ]

r em final de sílaba	por – parte – corda (depende do contexto e do dialeto)	[r] [ɾ] [x] [ɣ] [h] [ɦ] [ɻ] [ɾ]
s em início de palavra	saco	[s]
s entre vogais	casa	[z]
s em final de sílaba	cós – mesmo – gosta (depende do contexto e do dialeto)	[s] [z] [ʃ] [ʒ]
ç	caça	[s]
ss entre vogais	disse	[s]
xc	exceção	[s]
xs	exsudar	[s]
sc	nascer	[s]
sç	nasço	[s]
x	enxada	[ʃ]
x	explicar (depende do dialeto)	[s] [ʃ]
x	exame	[z]
x	táxi	[ks] [kis]
z início de sílaba	zebra	[z]
z final de sílaba	veloz – vez (depende do dialeto e do contexto)	[s] [z] [ʃ] [ʒ]
g seguido de a, o, u	gata – gota – gula	[g]
g seguido de e, i	geral – girafa	[ʒ]
gu (com 'u' pronunciado)	aguenta – linguística – água	[gw]
gu (com 'u' não pronunciado)	águia	[g]
j	jaca	[ʒ]
l início de sílaba	lata	[l]
l final de sílaba	mal (depende do dialeto)	[ɫ] [w]

O que os Quadros 1 e 2 mostram são as principais correspondências entre letras e sons vocálicos e consonantais do português brasileiro, isto é, as principais correspondências entre os sons das vogais e das consoantes produzidos para se falar essa língua e as letras às quais eles correspondem na escrita, segundo as convenções vigentes no país.

3. CAMPOS DE INTERFACE

Até aqui apresentamos um pequeno resumo das funções da Fonética e da Fonologia. Agora você pode ver com mais clareza o quanto nos servimos dessas duas maneiras de observar os fatos linguísticos em nosso dia a dia. No entanto, o papel da Fonética e da Fonologia nas gramáticas normativas ou pedagógicas, em geral, está limitado a uma rápida apresentação e classificação dos sons vocálicos e consonantais e sua relação com o sistema ortográfico em vigor, ou seja, limita-se basicamente à relação letras-som – mas, como você já deve ter notado, há muito mais a se estudar nessas duas disciplinas da Linguística. Aspectos também importantes da variedade fonética relativa às diversas pronúncias regionais, por exemplo, não tinham um espaço adequado de discussão, principalmente no ensino médio.

Na academia, tal postura vem mudando e, em conversas com acadêmicos dos cursos de Letras, é possível perceber um olhar mais cuidadoso (e curioso) sobre essas áreas. Isso tem ocorrido à medida que os estudantes percebem que o estudo de uma língua pressupõe conhecimentos não só morfológicos e sintáticos, mas também fonéticos e fonológicos, uma vez que o entendimento de processos morfológicos e/ou sintáticos muitas vezes prescinde de princípios fonológicos. O crescente número de laboratórios de Fonética e a facilidade de obtenção de instrumentos para análise acústica do sinal de fala também têm contribuído para esse interesse. Um dos instrumentos de análise da fala, livremente acessado pela internet e bastante popular entre pesquisadores da área de Fonética Acústica, é o software Praat (que pode ser gratuitamente obtido pelo endereço eletrônico: <http://www.fon.hum.uva.nl/praat/>). Com ele, é possível gravar e analisar dados de fala natural e, dessa forma, melhorar a intuição sobre nossa própria língua. Há ainda o software Ocenaudio (obtido gratuitamente pelo endereço eletrônico: <http://www.ocenaudio.com.br/>), que é usado principalmente para a gravação e edição de dados de fala. Esses dois softwares auxiliam na investigação científica sobre a fala.

Outro fator que tem levado a uma maior procura dessas áreas por estudantes, professores e linguistas são os diferentes campos de trabalho que necessitam fundamentalmente de conhecimentos das áreas da Fonética e da Fonologia: as suas várias interfaces. Vejamos algumas delas a seguir.

Alfabetização e ensino de língua materna: é indispensável para os professores que atuam na alfabetização, seja de adultos ou de crianças, o conhecimento da Fonética e de noções sobre o sistema fonológico de sua língua, justamente para que esses professores melhor atendam às necessidades de seus alunos. Existem técnicas fonológicas que, empregadas em atividades com os alunos, podem fazê-los se debruçar com interesse sobre os fatos da língua. Além disso, é fundamental saber lidar com a variação fonético-fonológica – que sempre vai existir – e levar o aluno a compreender essas variações, para relacioná-las aos elementos gráficos da escrita, especialmente no que diz respeito às variações fonéticas que sofrem influências de natureza social. Sua compreensão permite lidar mais adequadamente, por exemplo, com o preconceito linguístico que pode surgir na sala de aula.

Ensino de línguas estrangeiras: neste campo é requerido ao profissional da área conhecer não apenas o sistema fonológico da língua materna do aluno, mas também o da língua estrangeira que ensina. Comparando esses sistemas sonoros, o professor terá uma ideia dos problemas que irão surgir em função de diferenças ou semelhanças entre a língua materna e a língua estrangeira. Várias pesquisas têm evidenciado que o professor de língua estrangeira que dá instruções explícitas de fatos fonético-fonológicos ao seu aluno pode acelerar o processo de aquisição.

Fonoaudiologia: o fonoaudiólogo lida com alterações no processo de aquisição da fonologia da língua, assim como alterações fonológicas decorrentes de problemas neurológicos e auditivos. Para isso, é importante que compreenda os mecanismos articulatórios, acústicos, neuronais e cognitivos relacionados à produção e recepção da fala. Além disso, no trabalho com o aprimoramento e reabilitação vocal, precisa compreender a relação entre a produção dos sons e a fisiologia do aparelho fonador.

Fonética forense: essa é uma área que tem crescido bastante nos últimos anos, principalmente devido à evolução dos instrumentos laboratoriais de análise de fala. Tem-se trabalhado na linha de verificação de locutor que busca comparar uma fala gravada (por exemplo, de uma pessoa suspeita de um crime) com uma fala de referência (nesse caso, a do criminoso), visando verificar se entre as duas falas existe uma correspondência que permita inferir semelhanças entre elas, confirmando que pertecem a um mesmo indivíduo. Ou na linha de identificação de locutor na qual se busca determinar de quem é uma fala específica. Nesse caso, a voz "x" é comparada a várias outras vozes.

Tecnologias da fala: nesse campo, há pelo menos três frentes: Síntese de Fala, Reconhecimento de Fala e Interação via Fala. Na Síntese de Fala, um computador (máquina) vocaliza um texto escrito buscando a mesma inteligibilidade e naturalidade da fala humana. No Reconhecimento de Fala, a máquina identifica/reconhece o que um locutor humano lhe diz e realiza a tarefa solicitada. Nesses dois sistemas, os desenvolvedores necessitam de um conhecimento de Fonética e de Fonologia da língua envolvida nessas tecnologias. Atualmente, a naturalidade de tais sistemas está estreitamente relacionada a uma boa modelagem prosódica (que tem a ver também com o ritmo da fala). A Interação via Fala é a integração da Síntese com o Reconhecimento de Fala e corresponde aos chamados sistemas de diálogo homem-máquina. Esses sistemas são utilizados para aplicações via telefone para, por exemplo, compra de passagens aéreas, liberação de cartões de crédito, transações bancárias, dentre outras possibilidades. Nesses sistemas, a Síntese de Fala é empregada para gerar as perguntas que a máquina deve fazer ao usuário, como também para responder às solicitações do usuário. O Reconhecimento de Fala, a seu turno, é utilizado para que a máquina entenda a tarefa que o usuário deseja que seja efetuada e o sistema possa então realizar a tarefa demandada.

Tradução: Os profissionais dessa área necessitam conhecer os sistemas sonoros das línguas envolvidas na tradução para melhor adequar o seu trabalho à língua-alvo de tradução. Para os intérpretes, esse conhecimento também é fundamental para que não haja dificuldade de compreensão oral no momento de uma sessão de trabalho.

Leituras sugeridas

SCLIAR-CABRAL, Leonor. *Princípios do sistema alfabético do português do Brasil*. São Paulo: Contexto, 2003.
  Este texto traz uma apresentação de símbolos, regras e princípios concernentes ao sistema alfabético do português brasileiro.
CAVALIERE, Ricardo. *Pontos essenciais em fonética e fonologia*. Rio de Janeiro: Lucerna, 2005.
  Neste texto, o autor também trata da Fonética e da Fonologia. Indo de Saussure a Chomsky e Halle, apresenta a Fonologia sincrônica e diacrônica, passando por questões mais relacionadas à Fonética, e descreve o sistema fonológico do português.

Exercícios

1. O capítulo "Introduzindo a Fonética e a Fonologia" se ocupou de discutir as convergências e as divergências entre Fonética e Fonologia. Vimos que alguns aspectos estão mais relacionados a uma ou à outra linha de pesquisa. Leia as informações a seguir e diga se elas correspondem mais à Fonética ou à Fonologia.

		Fonética	Fonologia
a.	Observa a fisiologia dos órgãos e a participação deles na produção dos sons.		
b.	Considera a organização dos sons nas diferentes línguas.		
c.	Apresenta um caráter experimental.		
d.	Examina os sons sob a ótica do ouvinte, ou seja, de sua percepção.		
e.	Observa que sons podem diferenciar uma palavra de outra, como, por exemplo, nas palavras *pato* e *papo*.		
f.	Descreve os sons das línguas e analisa suas particularidades articulatórias, acústicas e perceptivas.		
g.	Possui como unidade o som da fala ou fone.		
h.	Apresenta transcrição entre barras inclinadas.		
i.	Estuda os sons da fala como entidades físico-articulatórias isoladas.		
j.	Determina quais são as unidades distintivas de cada língua.		

35

2. Diga quantas letras e sons tem cada palavra:

	Palavras	Letras	Sons
a.	crase		
b.	árvore		
c.	chave		
d.	cão		
e.	palha		
f.	táxi		
g.	mãe		

FONÉTICA

Objetivo geral do capítulo:

⮐ apresentar os aspectos articulatórios que se relacionam aos estudos dos sons da fala.

Objetivos de cada seção:

⮐ 1: introdução aos mecanismos de produção da fala.
⮐ 2: mostrar o funcionamento do aparelho fonador humano na produção de segmentos vocálicos e consonantais.
⮐ 3: apresentar as propriedades articulatórias das vogais orais e nasais do PB.
⮐ 4: tratar dos encontros vocálicos presentes no PB (ditongos, tritongos e hiatos).
⮐ 5: apresentar as propriedades articulatórias das consoantes do PB.

Este capítulo apresenta uma pequena introdução à produção da fala, necessária ao entendimento dos mecanismos de geração dos sons pelo aparelho fonador, a partir dos diferentes tubos acústicos que são modelados conforme os movimentos dos articuladores para a produção dos sons de fala do português brasileiro.

Você saberia dizer quantas vogais existem no PB? Qual é a diferença entre uma vogal oral e uma vogal nasal? Ou, ainda, o que distingue as vogais das consoantes? Esse contato com a fisiologia do trato vocal e com os órgãos responsáveis pela produção de fala conduzirá a um entendimento mais apurado sobre vogais e consoantes no nível articulatório. Compreender como e onde os sons são produzidos, isto é, o modo e o ponto de articulação, facilita entender e memorizar a nomenclatura técnica usada na área.

Sendo assim, o objetivo deste capítulo é tornar o leitor proficiente na leitura e na atribuição de sentido às transcrições fonéticas, fazendo inferências sobre as características regionais ou idiossincráticas, transcrevendo a sua própria fala e a de outras pessoas e notando as propriedades articulatórias envolvidas nos sons produzidos e/ou transcritos.

1. INTRODUÇÃO À PRODUÇÃO DA FALA

Para produzir a fala, é necessário que haja vibração das moléculas de ar. As moléculas em vibração são expelidas pela compressão do volume dos pulmões, tornando o fluxo de ar audível pela vibração das pregas vocais que se encontram na laringe. Esse fluxo de ar vai sofrer modificações em função das alterações promovidas dentro do aparelho fonador a partir dos movimentos e posicionamento dos órgãos articuladores que estão acima da laringe.

Para que haja fala, então, é necessário que haja respiração. No entanto, quando falamos, usamos a corrente de ar de forma diferente daquela que usamos quando apenas respiramos. Para falar, precisamos controlar a saída da corrente de ar dos pulmões, pois quando o ar acaba não emitimos mais som e temos de inspirar novamente para encher os pulmões de ar e então termos novamente energia para a produção da fala. A maior parte dos sons das diferentes línguas do mundo é gerado com o ar saindo dos pulmões, e o português é também uma língua que realiza seus sons desse modo. Dizemos, assim, que os sons do PB são gerados com a **corrente de ar egressiva**, aquela que sai dos pulmões. Para haver fala, necessitamos ainda que as pregas vocais transformem essa energia da corrente de ar em som audível; esse fenômeno é chamado de **fonação** e se refere, principalmente, à vibração ou não das pregas vocais. Por fim, os órgãos articuladores, como a língua, os lábios, ao se movimentarem (articularem) para produzir os variados sons do português, transformam o trato vocal em um tubo acústico ou uma caixa de ressonância que irá amplificar e modificar os sons produzidos. Em outras palavras, o movimento dos articuladores modifica essa caixa de ressonância, fazendo com que sons diferentes sejam produzidos.

Na próxima seção, vamos conhecer esses tubos acústicos e os movimentos necessários para a produção dos diversos sons do português brasileiro.

2. FONÉTICA ARTICULATÓRIA

A Fonética Articulatória é definida como o estudo dos sons da fala na perspectiva de suas características fisiológicas e articulatórias. Para entender os mecanismos de articulação desses sons, precisamos inicialmente conhecer os diferentes órgãos responsáveis pela realização dos sons das línguas naturais, que se encontram no "aparelho fonador humano".

2.1. Aparelho fonador

"Fonador" quer dizer aquele que produz voz. A voz pode ser definida como o som produzido a partir da vibração das pregas vocais, e é importante não confundir voz com fala: a fala é o resultado da articulação desse som (da voz). Os órgãos que utilizamos para produzir os sons da fala não têm como função principal a articulação dos sons, eles servem primeiramente para respirar, mastigar, engolir e cheirar. A partir dessa descrição, já se pode ter ideia de quais são os órgãos envolvidos na fala, que formam o **aparelho fonador**. Vejamos uma ilustração do aparato que é utilizado para a fala na Figura 1.

Figura 1: Aparelho fonador humano.

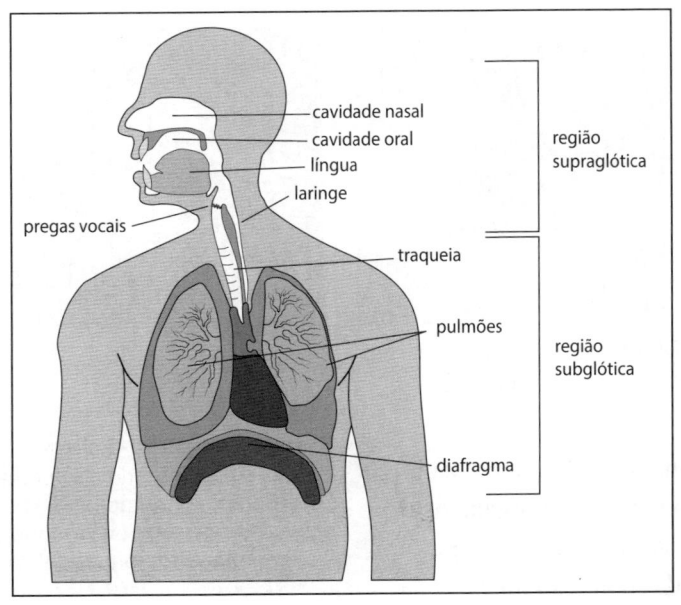

Pela Figura 1, vemos o aparelho fonador dividido nas regiões subglótica e supraglótica. Essa divisão acontece a partir da glote, pelo fato de ser acima dela que se encontram as cavidades responsáveis pelas ressonâncias vocais. A **glote** é o espaço entre as **pregas vocais** localizadas na **laringe** (ver Figura 2).

Abaixo da glote, encontram-se a **traqueia**, os dois **pulmões** e o **diafragma**, responsáveis pelo suprimento da fonte de energia que gera os sons da fala. O diafragma constitui-se como uma estrutura em forma de abóbada que separa a cavidade torácica da abdominal. Acima do diafragma, estão os pulmões, que acompanham os movimentos da caixa torácica. Quando ela se expande, os pulmões fazem o mesmo, enchendo-se de ar – a inspiração. No movimento contrário, de saída de ar – a expiração –, o ar pulmonar nunca é totalmente expelido. Nossa capacidade pulmonar em silêncio ou repouso varia de 40% a 60%. Por sua vez, a traqueia é um tubo de estrutura fibrocartilaginosa que vai da cavidade torácica à laringe.

Figura 2: Em (a), a glote e as pregas vocais durante a respiração ou na produção de sons não vozeados. Em (b), as pregas vocais estão vibrando durante o processo de fonação.

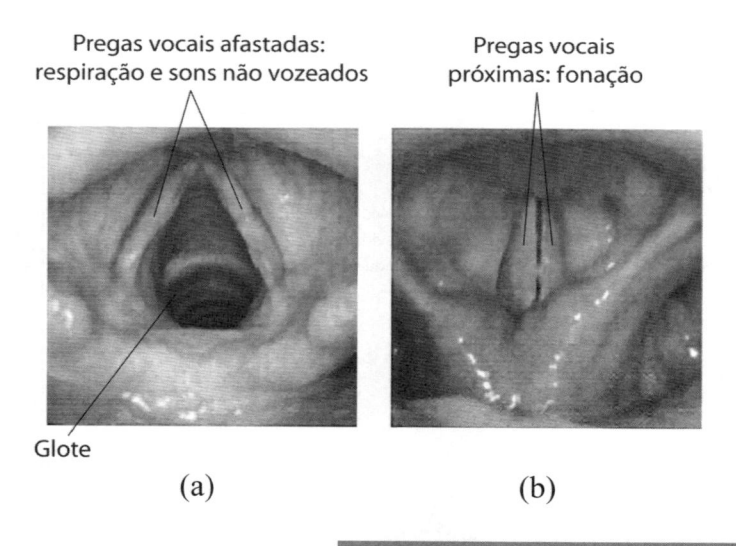

Pregas vocais afastadas: respiração e sons não vozeados

Pregas vocais próximas: fonação

Glote

(a)   (b)

Acima da glote, localizam-se as **cavidades faríngea**, **oral** e **nasal**. A cavidade faríngea é constituída pela **faringe**. Essa

Para mais imagens do aparelho fonador, sugerimos que você acesse o site <http://www.fonologia.org/aparelho_fonador.php>.

cavidade pode ter seu tamanho modificado a partir do levantamento ou abaixamento da laringe. A cavidade oral é composta pela **boca**, na qual estão localizados a **língua**, o **palato duro** e **mole** (também conhecido como véu palatino), a **úvula**, os **alvéolos**, os **dentes** e os **lábios**. Na cavidade nasal, encontram-se as **narinas**.

Os órgãos articuladores envolvidos na produção da fala dividem-se em ativos e passivos (Figura 3). Os **articuladores ativos**, aqueles que se movimentam para a realização dos diferentes sons da fala, são constituídos pela língua (que se divide em ápice (ponta), lâmina e dorso); lábio e dentes inferiores, que alteram a cavidade oral; véu do palato, que é responsável pela abertura e fechamento da cavidade nasal; e pelas pregas vocais, responsáveis pelo vozeamento dos sons. Os **articuladores passivos** compreendem o lábio superior, os dentes superiores, os alvéolos (região crespa, logo atrás dos dentes superiores), o palato duro (região central do céu da boca) e o palato mole (final do céu da boca).

Figura 3: Esquema detalhado dos órgãos articulatórios ativos e passivos do aparelho fonador humano.

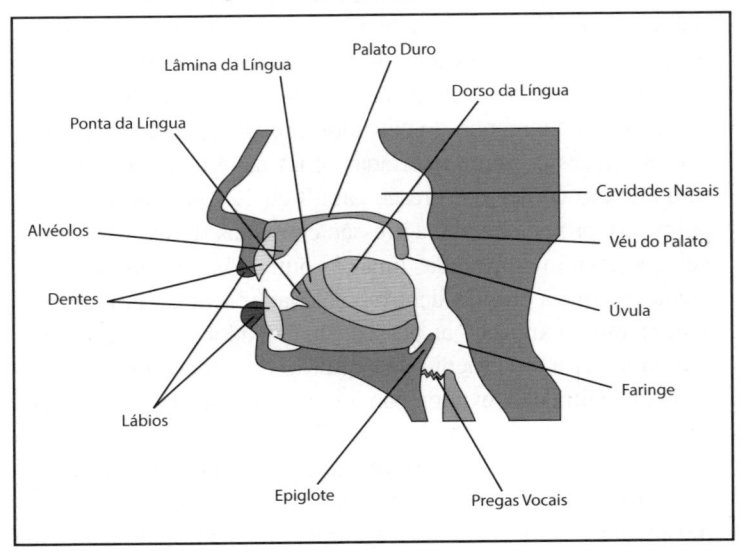

Agora que já conhecemos o aparelho fonador, vamos ver mais alguns detalhes sobre a produção da fala. Como vimos, os sons do PB, e de grande parte das línguas naturais, são produzidos com **fluxo de ar egressivo**, ou seja, nós emitimos os sons do português quando o **ar se dirige para fora dos pulmões**. Para que haja a fala, primeiro é preciso que o ar entre nos pulmões (inspiração), e para que ocorra a inspiração é necessário que o volume dos pulmões aumente. Esse aumento de volume faz com que a pressão do ar dentro dos pulmões diminua, ficando menor do que a pressão atmosférica. Isso permite a entrada do fluxo de ar vindo das cavidades superiores, pois o movimento de deslocamento do ar é de regiões de alta pressão para regiões de baixa pressão. Em seguida, a pressão do ar passa a ser igual à da pressão atmosférica e o fluxo de ar para. Quando o volume dos pulmões diminui, na fase de expulsão do ar, há um aumento da pressão de ar dentro dos pulmões. Assim, a pressão atmosférica torna-se menor do que a pressão pulmonar, e o ar se desloca para fora dos pulmões, ocorrendo então a expiração. É nesse momento que a fala geralmente ocorre. Esse controle da pressão nos pulmões é atingido pelas crianças entre 6 e 7 meses de idade, quando elas começam os seus primeiros balbucios.

A relação entre o tamanho da cavidade pulmonar e a pressão dentro dessa cavidade pode ser mais bem entendida se pensarmos em um elevador de 1 m^2. Nesse elevador, estão 4 pessoas (período antes de puxar o ar para dentro dos pulmões). Em função do tamanho do elevador, provavelmente as pessoas não devem estar muito apertadas umas às outras. No entanto, se o número de pessoas cresce para 8 ou 12 (entrada de ar nos pulmões), provavelmente a pressão entre elas será grande, uma vez que estarão espremidas umas às outras. Vai chegar um momento em que a pressão dentro do elevador será tão grande que será preciso "expulsar" as pessoas do elevador para que a pressão diminua, é o momento de expulsão do ar dos pulmões. Se, do lado de fora do elevador, não houver muitas pessoas, ou seja, se a pressão não for grande, as de dentro do elevador poderão ser empurradas para fora e novamente o elevador vai apresentar uma menor pressão entre as pessoas que restarem nele. O mesmo acontece com os pulmões e, como vimos, normalmente não expelimos todo o ar que há neles.

Outra experiência interessante que simula o processo de fonação pode ser feita com um balão ou bexiga de aniversário. Encha o balão com ar até que ele fique bem cheio. Sem deixar que o ar escape, segure a boca do balão com as pontas dos dedos e a estire, deixando o ar sair aos poucos. A pressão interna fará com que o bico do balão vibre. Essa vibração durante a saída do ar produzirá ruído (Figura 4). Esse é o movimento que simula a vibração das pregas vocais.

Figura 4: Balão simulando o movimento de vibração das pregas vocais.

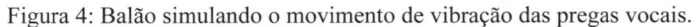
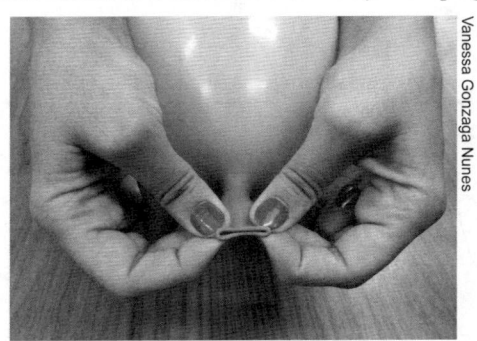

Na produção da fala, a expiração dura em média de 4 a 20 segundos, sendo significativamente mais longa do que a inspiração. Na respiração em silêncio, a fase expiratória é relativamente constante com duração média de cerca de 2 segundos. Na respiração normal, o ar passa livremente pelas cavidades supralaríngeas, pois as pregas vocais encontram-se afastadas. Já, na fala, ou seja, durante o processo de fonação, ocorrem resistências e bloqueios ao fluxo de ar provenientes das constrições na laringe, pela vibração das pregas vocais, e nas cavidades acima da laringe (Figura 2).

Ocorre ainda que, quando falamos, as pregas vocais podem estar aproximadas (fechadas), bloqueando o ar que sai dos pulmões. Com esse bloqueio, a pressão abaixo das pregas aumenta, fazendo-as se separarem. O ar passa e a pressão diminui, fazendo-as se fecharem novamente, e o ar é então solto em pequenos sopros de ar – é o chamado ciclo vibratório. Ele pode ser visto na Figura 5. Acompanhando a sequência mostrada na Figura 5, vemos que o ciclo vibratório inicia no movimento assinalado em [1] e finaliza em [8]. Quando há vibração das pregas vocais, são produzidos os sons chamados vozeados ou sonoros. As pregas vocais podem ainda estar afastadas parcialmente, com o ar passando sem restrições pela laringe, produzindo os sons chamados de não vozeados ou surdos (ver Figura 2).

Figura 5: Configuração dos movimentos das pregas vocais em um ciclo vibratório.

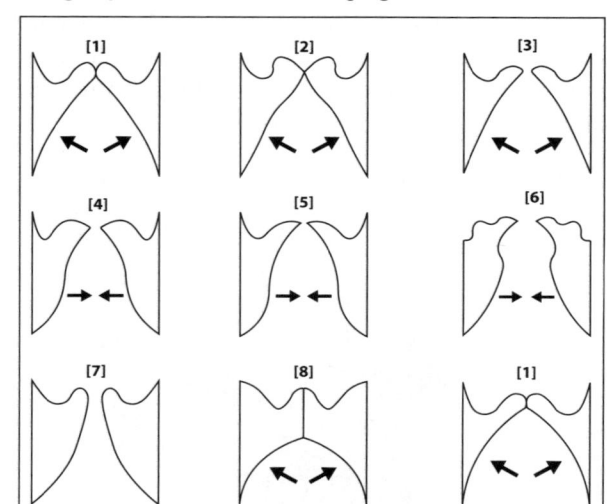

Para termos uma ideia melhor do que são sons surdos e sonoros, com uma das mãos espalmada sobre o pescoço, logo abaixo do queixo, produza o som [f]. Lembre-se: produza somente o som de um [f] sustentado como 'ffffff' e não o nome da letra 'f'. Você não sentirá nada em sua mão – eis um exemplar de um som surdo, ou não vozeado. Agora, ainda com a mão espalmada sobre o pescoço, produza o som [v]. Novamente, produza somente o som de um [v] sustentado 'vvvvvv'. Dessa vez, você sentirá uma vibração no pescoço – é o exemplo de um som sonoro, ou vozeado, e o que você sente é a vibração das pregas vocais.

Outro movimento necessário à classificação dos sons da fala é o do véu do palato (a chamada "campainha"). Quando está levantado, ele bloqueia o ar para a cavidade nasal e os sons produzidos são chamados de orais. No entanto, quando um som da fala é produzido com o véu do palato abaixado, permitindo a saída do ar também pelas narinas, temos os chamados sons nasais. Os sons nasais no PB são as consoantes [m, n, ɲ], presentes, respectivamente, nas palavras 'mato', 'nata' e 'sonho'; as vogais [ã, ẽ, ĩ, õ, ũ], presentes, respectivamente, em 'santa', 'pente', 'cinto', 'ponta' e 'mundo'; e os ditongos [ẽw, ẽj, ẽj, õj, ũj], presentes em 'cão', 'mãe', 'amém', 'põe' e 'muito', respectivamente.

Para a percepção das diferenças entre sons orais e nasais, feche as narinas com as mãos e produza a vogal [i]. Você perceberá que esse som não será alterado, pois, para sua produção, o ar não precisa sair pela cavidade nasal, uma vez que ele é oral. Agora, produza o som [n] e feche as narinas com as mãos. Você perceberá que esse som será sensivelmente alterado, praticamente não sendo produzido, pois, para que ele seja realizado, é necessário que o ar passe somente pela cavidade nasal.

A nomenclatura usada na classificação dos sons da fala é estabelecida a partir da forma como o ar sai do trato oral e/ou nasal e dos lugares em que os articuladores ativos tocam os passivos. Cada um dos segmentos de fala do PB será descrito detalhadamente nas seções a seguir, a partir da maneira como é articulado, sendo também evidenciada a relação entre o nome do segmento e a sua articulação.

2.2. Distinção entre vogais e consoantes

Vamos agora iniciar a apresentação dos diversos sons da fala humana, discutindo em detalhes aqueles que pertencem ao quadro do PB. Apresentaremos os sons de fala a partir de seus movimentos articulatórios. Os sons serão vistos então como **fones** (e não fonemas), uma vez que a sua característica distintiva dentro de um sistema linguístico específico ainda não está sendo considerada.

A divisão tradicional entre vogais e consoantes em nível de articulação deve ser entendida a partir da liberação do fluxo de ar dos pulmões. Nas **vogais**, não há nenhum impedimento a essa passagem de ar, ou seja, os segmentos vocálicos são produzidos com o fluxo de ar passando livremente ou praticamente sem obstáculos (obstruções ou constrições) no trato vocal. Por sua vez, as **consoantes** são articuladas a partir de alguma obstrução no trato oral, seja ela parcial ou total. Outra diferença entre esses dois tipos de sons é que as vogais são sempre vozeadas, isto é, são produzidas com a vibração das pregas vocais, enquanto as consoantes podem ou não ser produzidas com vibração das pregas vocais.

Em termos de classificação fonética, as vogais são analisadas a partir do grau de abertura da cavidade oral, altura e movimento de recuo de língua e arredondamento de lábios. As consoantes serão caracterizadas pelo modo e local onde se dá a articulação e ainda sobre seu vozeamento ou não vozeamento.

Se considerarmos os parâmetros acústico-físicos desses segmentos para distingui-los, poderemos dizer que as vogais são mais proeminentes acusticamente do que as consoantes. Mas por que isso acontece? Você deve lembrar que, na produção de vogais, o ar passa livremente pelo canal bucal, enquanto para as consoantes há algum tipo de obstrução. Isso leva as vogais a apresentarem maior amplitude se comparadas às consoantes. Se observarmos a Figura 6, que apresenta o espectrograma da palavra 'afoga', vemos que as regiões mais escuras (com maior amplitude) correspondem às vogais e as mais claras às consoantes.

O espectrograma é uma maneira de visualizar graficamente um som de fala. A partir dele, vemos mais claramente as características acústicas de vogais e consoantes (segmentos de fala). No eixo horizontal do gráfico do espectrograma, vemos representada a duração do segmento de fala; no eixo vertical, as frequências de ressonância, medidas em Hertz. O escurecimento/clareamento do sinal apresentado no espectrograma representa, respectivamente, a sua maior ou menor intensidade. Na Figura 6, as regiões escuras, referentes a vogais, evidenciam a maior intensidade dos segmentos vocálicos, quando comparados às consoantes vizinhas.

Figura 6: Espectrograma da palavra 'afoga' [aˈfɔgɐ]

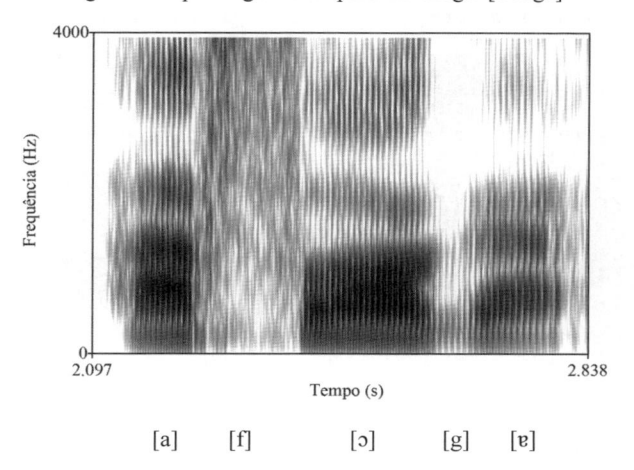

[a] [f] [ɔ] [g] [ɐ]

3. AS VOGAIS

Como já vimos, os sons vocálicos são sons produzidos com o ar sain-do dos pulmões (fluxo de ar egressivo) e esses sons se diferenciam dos consonantais pela inexistência de obstrução à saída de ar no trato vocal. Eles devem ser produzidos de modo que o estreitamento gerado pelo movimento dos articuladores não produza fricção. Além disso, sua emissão é realizada com a vibração das pregas vocais, sendo por isso considerados sons vozeados ou sonoros.

As vogais do PB são descritas segundo os seguintes aspectos articulatórios:

• oralidade ou nasalidade;
• movimento de altura da língua;
• movimento de avanço (anterioridade) e recuo (posterioridade) da língua;
• protrusão ou estiramento dos lábios.

As vogais podem ser então descritas como orais e nasais. Vamos começar distinguindo essas vogais. Na produção das vogais orais, o véu do palato fecha a passagem para a cavidade nasal, fazendo com que o ar saia somente pelo trato oral. Nas vogais nasais, porém, o véu palatino encontra-se abaixado, permitindo que o ar passe também pelas cavidades ressoadoras nasais. A Figura 7 mostra como o véu do palato se posiciona na produção de vogais orais (a) e nasais (b).

47

Figura 7: Posição do véu do palato na produção de vogais (a) orais (como a vogal 'a' da palavra 'lá') e (b) nasais (como a vogal 'ã' da palavra 'lã').

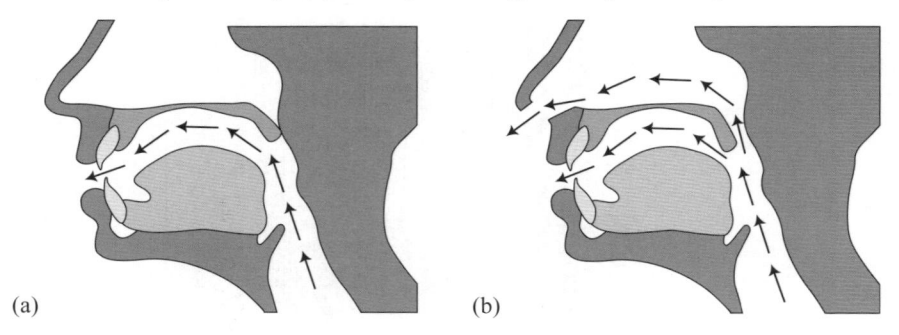

(a)   (b)

3.1. Vogais orais

Para a descrição articulatória das vogais orais, estão envolvidos o corpo da língua e os lábios. O corpo da língua pode movimentar-se verticalmente – levantando-se ou abaixando-se – ou horizontalmente – avançando ou recuando. O parâmetro que define o movimento vertical é denominado altura e o que define o movimento horizontal denomina-se anterioridade/posterioridade. Há ainda a possibilidade dos lábios estarem distensos (estirados) ou arredondados (protraídos). O movimento de arredondamento dos lábios ocorre na produção de vogais ditas arredondadas. As demais são articuladas com os lábios distensos e são descritas como não arredondadas.

Na Figura 8, pode ser observado o movimento tanto vertical quanto horizontal na produção de cinco vogais orais [i], [e], [a], [o] e [u]. São imagens de ressonância magnética, mostrando os movimentos realizados para a produção de sons vocálicos. Nessas imagens, são exibidos os movimentos articulatórios reais que configuram a articulação de vogais orais. Nos desenhos dos movimentos articulatórios que serão apresentados mais adiante, tanto de vogais quanto de consoantes, fizemos uma caricatura dos movimentos articulatórios, evidenciando aqueles que são mais relevantes para entendimento das relações entre a classificação do segmento e a sua articulação.

Figura 8: Posição da língua em relação à altura (eixo vertical) e ao avanço/recuo (eixo horizontal) no trato oral (imagens: cortesia de Demolin-Metens).

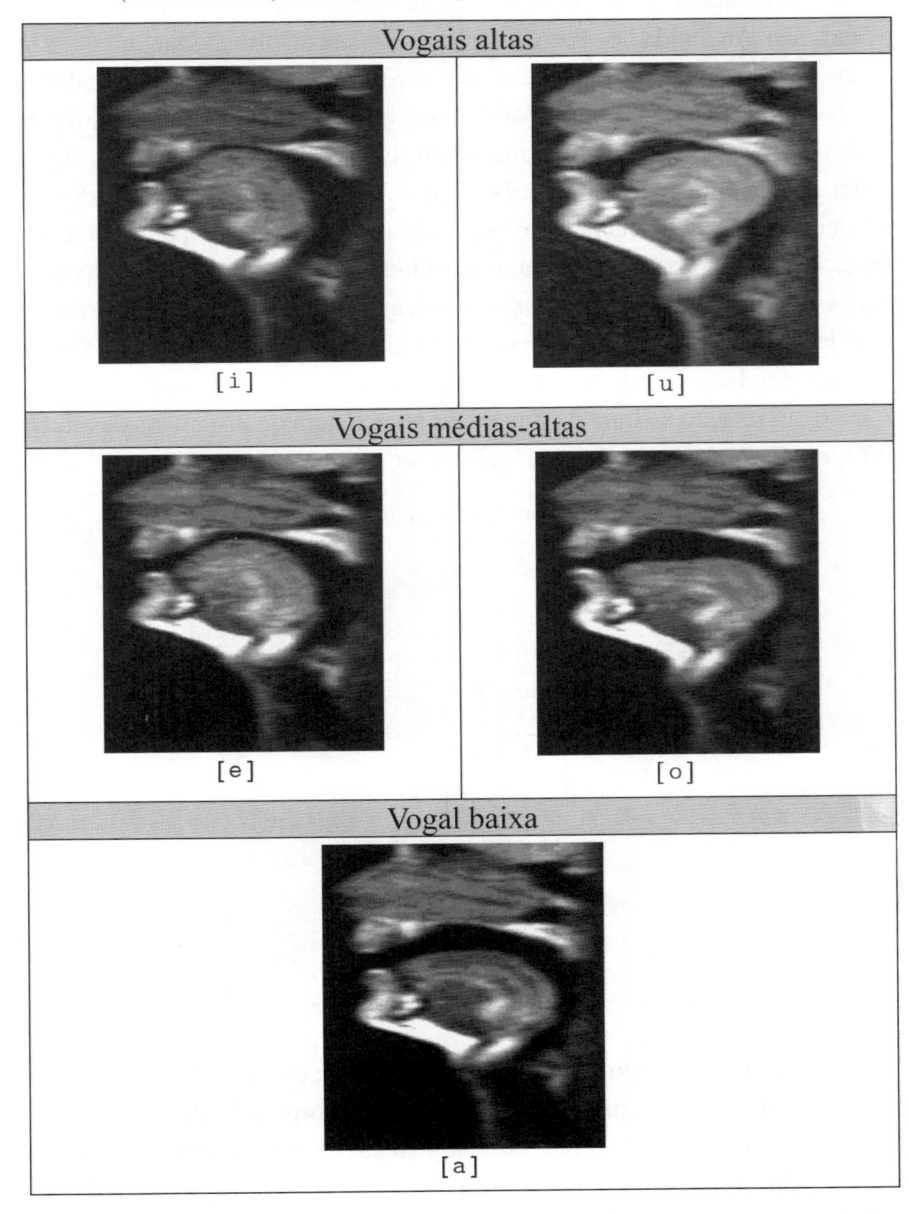

No PB, apenas as vogais posteriores [ɔ], [o] e [u] são arredondadas (como nos sons finais de 'avó', 'avô' e 'tatu', respectivamente). Você pode produzir essas vogais e observar que, na sua pronúncia, os lábios se arredondam e se projetam para frente. Em outras línguas, como o francês, outras vogais são arredondadas. Por exemplo, as vogais anteriores que, no PB, são todas não arredondadas, ocorrem no francês tanto como não arredondadas [i], [e] e [ɛ] quanto como arredondadas [y], [ø] e [æ]. Geralmente, falantes nativos do PB aprendizes de francês têm dificuldade de produzir as vogais anteriores arredondadas do francês, visto que esse não foi um hábito adquirido para o PB. Para perceber a produção de um 'i' arredondado, pronuncie um [i] e, sustentando essa pronúncia, vá arredondando os lábios. Você perceberá que a qualidade dessa vogal vai se modificando. Quando os lábios estiverem arredondados, como na pronúncia de um [u], você ouvirá a vogal alta anterior arredondada da língua francesa, representada pelo símbolo fonético [y].

Com relação à altura da língua, no PB, existem quatro níveis de altura: alto, médio-alto, médio-baixo e baixo (ver Figura 9).

Figura 9: Posição da língua em relação à altura (eixo vertical) no trato oral.

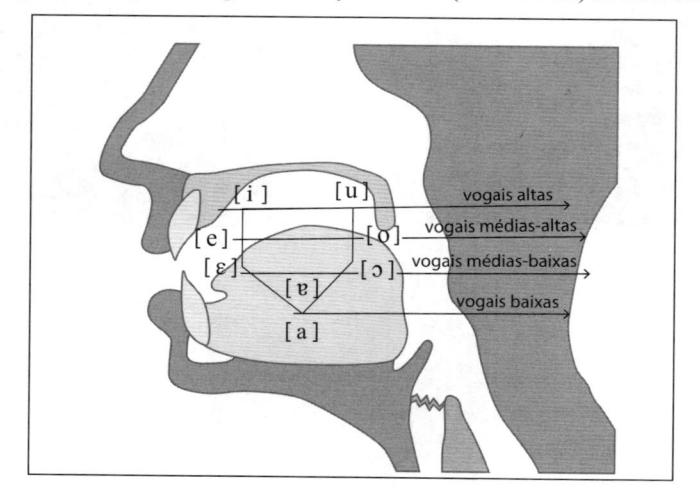

→ Altas: vogais em que o corpo da língua se eleva ao máximo, estreitando o trato, mas sem produzir fricção (produção de [i] e [u]). Observe, nas Figuras 8 e 9, a posição da língua para a pronúncia das vogais altas [i] e [u]. Nessas figuras, apesar de a língua elevar-se consideravelmente, não há obstrução total do trato e nem mesmo possibilidade de ser produzido um ruído de fricção.

→ Médias-altas: vogais em que o corpo da língua se encontra em uma posição intermediária entre a posição mais alta e a mais baixa, localizando-se, no entanto, mais próximo da posição mais alta (produção de [e] e [o]). Observe, nas Figuras 8 e 9, como o grau de abertura do trato é maior do que o apresentado para as vogais altas.

→ Médias-baixas: vogais em que o corpo da língua encontra-se em uma posição intermediária entre a apresentada para as vogais médias-altas e aquela mostrada para as vogais baixas. A língua localiza-se, no entanto, em uma posição mais próxima à vogal baixa (produção de [ɛ] e [ɔ]). Veja a posição dessas vogais na Figura 9.

→ Baixas: vogais em que o corpo da língua se encontra na posição mais baixa no trato oral (produção de [a] e [ɐ]; essa última vogal é encontrada em posições átonas, principalmente em final de palavras). Observe, nas Figuras 8 e 9, que a abertura do trato oral na articulação das vogais baixas é bem mais ampla do que a apresentada para as vogais altas e médias.

A descrição das vogais pode ser feita em função da abertura/fechamento do trato oral. Como na pronúncia das vogais altas ([i] e [u]) o trato oral está

> Produza as vogais [i] e [a] em sequência e observe como a boca está mais fechada para [i] e mais aberta para [a].

mais fechado do que na pronúncia das vogais baixas ([a] e [ɐ]), as altas são classificadas como fechadas e as baixas como abertas. As demais vogais seriam meio fechadas ([e] e [o]) e meio abertas ([ɛ] e [ɔ]). Essa classificação leva em consideração a maior audibilidade das vogais.

Ainda conforme o avanço ou recuo da língua, as vogais podem ser classificadas como anteriores (realizadas na parte da frente do trato oral), posteriores (realizadas na parte de trás do trato oral) ou centrais (realizadas na parte mais central do trato oral). Veja as Figuras 8 e 10.

Figura 10: Posição da língua em relação ao avanço/recuo (eixo horizontal) no trato oral.

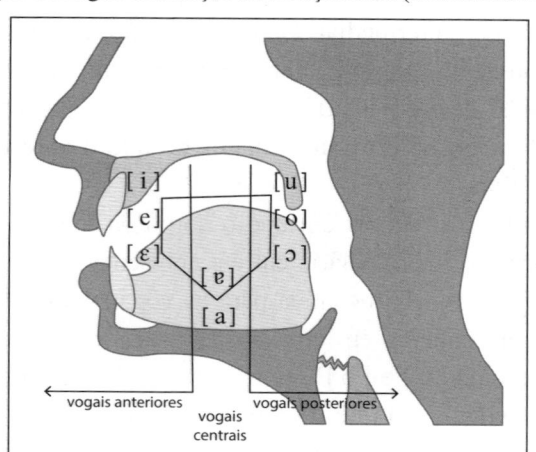

→ Anteriores: vogais em que o corpo da língua se dirige para a parte anterior do trato vocal, mais especificamente em direção aos alvéolos, mas sem qualquer tipo de bloqueio no trato oral. Esse movimento faz com que a vogal [i] seja considerada como uma articulação palatal. Na produção dessas vogais anteriores, a língua se eleva para frente, como se observa na pronúncia de [ɛ], [e] e [i]. Veja, nas Figuras 8 e 10, a posição da língua na produção das vogais [e] e [i], levando em conta apenas o eixo horizontal.

→ Posteriores: vogais em que o corpo da língua se movimenta para a parte posterior do trato oral na direção do palato mole, sem, porém, apresentar bloqueio à passagem do ar. Esse movimento faz com que a vogal [u] seja considerada como uma articulação velar. Nas vogais posteriores, o corpo da língua progressivamente se eleva para trás, como ocorre na pronúncia de [ɔ], [o] e [u]. Verifique, pela Figura 10, a posição da língua em relação ao eixo horizontal, na produção dessas vogais.

→ Centrais: vogais em que a língua está em uma posição mais centralizada. Na pronúncia da vogal [a], a língua está abaixada e um pouco mais avançada do que para a produção da vogal [ɐ]. No PB, essas duas vogais são produzidas na região mais central do trato oral. Veja, nas Figuras 8 e 10, essa centralização.

As vogais podem ainda ser classificadas conforme a posição assumi-da pelos lábios. Na Figura 11, a seguir, ilustramos a posição dos lábios em função da altura da vogal.

➜ Arredondadas: vogais produzidas com os lábios arredondados. São elas: [ɔ], [o] e [u]. A Figura 11 mostra ainda a projeção dos lábios para frente, denotando o arredondamento mais pronun-ciado na produção das vogais [o] e [u]. As vogais arredondadas são também chamadas de labializadas.

➜ Não arredondadas: vogais produzidas com os lábios distendidos (estirados). São elas: [ɛ], [e], [i], [ɐ] e [a]. Na Figura 11, observamos a produção das vogais [ɛ], [e], [i] e [a], para as quais se pode observar os lábios estirados.

Figura 11: Posição dos lábios em termos dos graus de altura que a língua assume.

Altura da língua	Lábios distendidos	Lábios arredondados
Alta	[i] 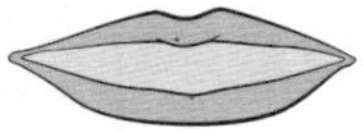	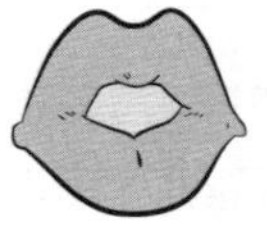 [u]
Média-alta	[e] 	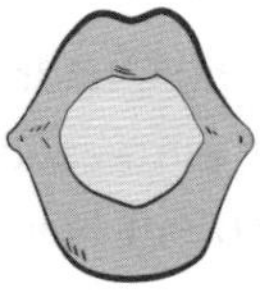 [o]
Média-baixa	[ɛ] 	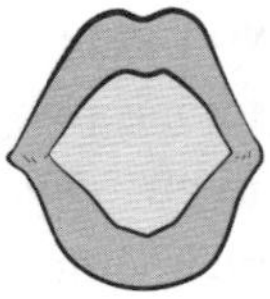 [ɔ]
Baixa	[a] 	[ɐ]

Levando-se em conta esses três movimentos (altura, avanço/recuo da língua e arredondamento), verificamos que as vogais [ɔ], [o] e [u] são produzidas com os lábios projetados para frente (arredondados ou protrusos) (Figura 11) e com a língua posicionada para trás, estando em posição mais alta na articulação da vogal [u]. Para a realização das vogais [ɛ], [e] e [i], os lábios não se projetam para frente como nas vogais posteriores, mas devem ficar distendidos (Figura 11). A língua, sendo o articulador móvel, é que se movimenta para frente, colocando-se em posição mais alta na articulação da vogal [i]. Na vogal [a], os lábios não estão projetados para frente, a língua está em uma posição baixa e central (nem para frente nem para trás) e a mandíbula está abaixada.

Para nos acostumarmos com a transcrição dos fones vocálicos, trazemos alguns exemplos no Quadro 1.

Quadro 1: Exemplos de transcrição fonética de vogais do PB 🎧 .

Palavra	Transcrição fonética
suco	[ˈsukʊ] ou [ˈsuko]
soco (murro com a mão fechada)	[ˈsokʊ] ou [ˈsoko]
tosse	[ˈtɔsɪ] ou [ˈtɔse]
saco	[ˈsakʊ] ou [ˈsako]
seque (subjuntivo do verbo 'secar')	[ˈsɛkɪ] ou [ˈsɛke]
seco (que não está molhado)	[ˈsekʊ] ou [ˈseko]

Note que, no Quadro 1, são apresentadas duas possibilidades de transcrição fonética para cada palavra. Palavras cuja sílaba final átona tenha a vogal 'o', como em 'suco', podem ter essa vogal final pronunciada como [o], mas também como [ʊ], que é o caso mais geral no PB. O mesmo acontece com palavras cuja sílaba final átona tenha a vogal 'e', como em 'tosse', que pode ter essa vogal realizada como [e] ou como [ɪ], esta última a mais comum no PB. Vogais em posição átona final se realizam com pouca energia e acusticamente apresentam grande diferença em relação às tônicas e por isso têm uma representação própria. As palavras 'saco' e 'tosse', por exemplo, podem ser transcritas como [ˈsakʊ] e [ˈtɔsɪ], respectivamente. Em algumas variedades do PB, como na produção de falantes do oeste de Santa Catarina e de regiões do Paraná e Rio Grande do Sul, encontramos, como vogais finais átonas, [o] e [e] (em [ˈsako] e [ˈtɔse], respectivamente).

Geralmente, a visualização das vogais é feita a partir de quadriláteros, que representam esquematicamente a cavidade oral, situando as vogais nas posições respectivas do corpo da língua. A Figura 12, a seguir, ilustra esse tipo de representação. Essa representação das vogais serve apenas de referência, uma vez que, em dados de fala natural, as vogais apresentam variação.

Figura 12: Representação acústico-articulatória das vogais
com relação ao quadrilátero vocálico do PB.

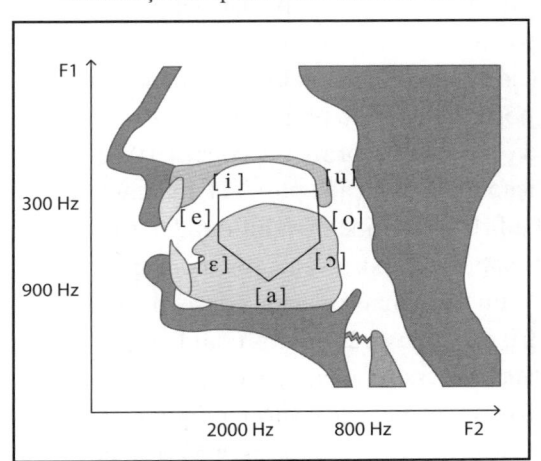

3.1.1. VOGAIS CARDEAIS

Em 1956, a partir de estudos experimentais, o foneticista Daniel Jones elaborou um método de descrição vocálica que tinha por objetivo auxiliar na comparação entre as vogais de diferentes línguas. Para tanto, ele estabeleceu pontos ideais de articulação vocálica, que serviriam como referência para a localização das vogais de diferentes línguas. Essas vogais são chamadas de cardeais e, em princípio, não pertencem a nenhuma língua específica.

Vogais cardeais primárias

É sempre muito difícil pensar em outras vogais que não tenham as mesmas descrições (movimento de língua e protrusão/distensão de lábios) da nossa língua materna, mas, quando comparamos vogais de línguas distintas,

55

precisamos de parâmetros de referência minimamente neutros. O espaço delimitado pelas vogais cardeais é então visto como referência teórica para a definição das propriedades das vogais produzidas nas diferentes línguas naturais. Nesse caso, são estabelecidas vogais cardeais primárias e secundárias.

No estabelecimento dos pontos de referência das vogais cardeais primárias, são produzidas duas vogais ([i] e [ɒ]). A primeira ([i]) deve ser pronunciada com a ponta da língua mais elevada e avançada possível, sem causar fricção quando a corrente de ar passar por esse estreitamento, ficando a maior constrição nas regiões palatoalveolar e palatal. A segunda vogal ([ɒ]) deve ser produzida com a língua na posição mais retraída e abaixada possível, na porção posterior do trato oral, também sem causar nenhuma fricção.

A partir da posição da primeira vogal ([i]), e conservando a língua sempre na posição mais avançada possível, marcam-se três pontos equidistantes: [e], [ɛ] e [a], sendo que esse último determina a posição da língua mais avançada e abaixada possível. Com a posição da segunda vogal ([ɒ]) e conservando a língua o mais recuada possível, determinam-se, novamente sem causar fricção, mais três pontos equidistantes em direção ao palato: [ɔ], [o] e [u]. Surgem assim as vogais cardeais primárias: [i], [e], [ɛ], [a], [ɒ], [ɔ], [o] e [u] que podem ser vistas na Figura 13.

Para a descrição das vogais cardeais, a posição dos lábios também é considerada. Assim, na articulação das vogais anteriores de [i] a [a], não há protrusão dos lábios, mas, para as vogais posteriores de [ɒ] a [u], há uma crescente projeção dos lábios para frente e estreitamento do orifício labial (Figura 13).

Figura 13: Quadrilátero das vogais cardeais primárias.

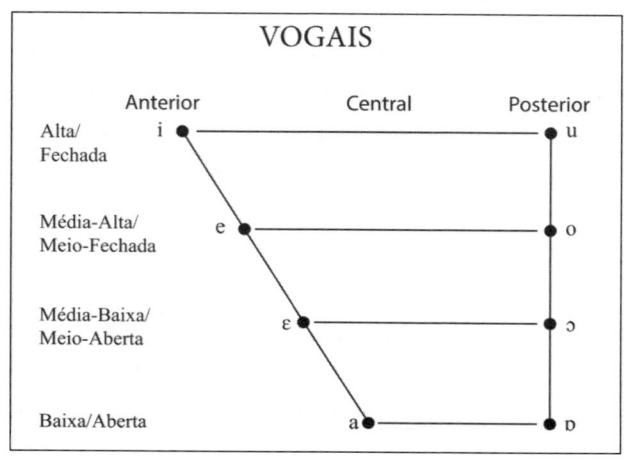

Vogais cardeais secundárias

As vogais cardeais secundárias articulam-se com a mesma posição da língua das vogais cardeais primárias, porém com a posição dos lábios invertida. Surgem assim as vogais [y], [ø], [œ], [ɶ], [ɑ], [ʌ], [ɤ] e [ɯ]. Por exemplo: a vogal [y] tem a posição da língua empregada na articulação da [i] (ponta da língua mais elevada e avançada possível) e a posição dos lábios empregada para a articulação de [u] (protrusão labial). Por sua vez, a vogal [ɯ] apresenta a posição da língua utilizada na articulação de [u] e a posição dos lábios empregada na articulação de [i].

Além das vogais cardeais secundárias, ainda temos as vogais cardeais secundárias periféricas. Elas se encontram em uma posição intermediária, mais centralizada, entre as anteriores e posteriores, conforme pode ser observado na região central do quadrilátero das vogais cardeais (Figura 14).

Figura 14: Quadrilátero que esquematiza as posições verticais e horizontais do corpo da língua na produção das diferentes vogais cardeais (adaptado do IPA).

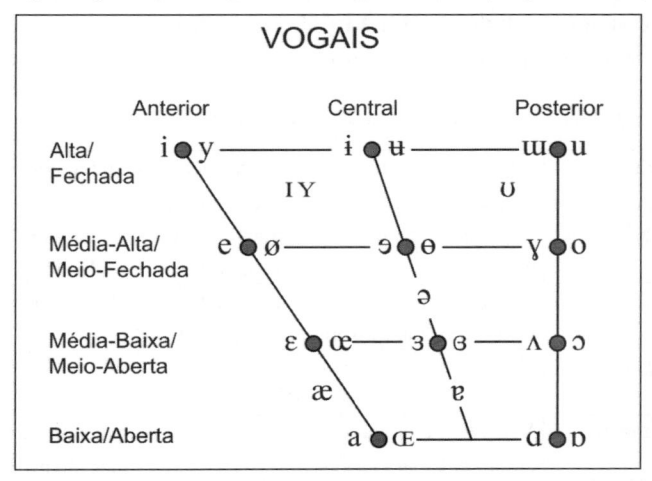

Vejamos alguns exemplos de vogais que não pertencem ao sistema vocálico do PB, mas que fazem parte dos sistemas vocálicos de outras línguas naturais.

Quadro 2: Vogais do quadrilátero das vogais cardeais das línguas naturais.

Símbolo	Palavra	Transcrição	Tradução
[œ]	Œuvre (francês)	[œ]vre	obra
[y]	fumée (francês)	f[y]mée	fumaça
[ø]	feu (francês)	f[ø]	fogo
[ɑ]	âme (francês)	[ɑ]me	alma
[ʌ]	coloured (inglês)	c[ʌ]loured	colorido

Podemos transcrever a qualidade das vogais, usando o símbolo das vogais cardeais mais próximas (Figura 14) e adicionar diacríticos. Diacríticos são sinais gráficos acrescentados a um símbolo fonético para representar deslocamentos em relação à qualidade das vogais cardeais (no caso dos símbolos para vogais, obviamente). Esses elementos auxiliam a representação dos sons da fala, pois os símbolos fonéticos não dão conta de todas as variantes encontradas na fala natural. Para respeitar as diferenças na qualidade das vogais produzidas por falantes de regiões distintas, podemos usar os diacríticos apresentados no Quadro 3. Na seção "Transcrição fonética", outros diacríticos concernentes às consoantes serão apresentados.

Quadro 3: Diacríticos para detalhamento fonético de vogais.

˔	elevada	Vogal tem a qualidade levemente acima da qualidade da cardeal utilizada para representar o som que se quer identificar.
˕	abaixada	Vogal tem a qualidade levemente abaixo da qualidade da cardeal utilizada para representar o som que se quer identificar.
˗	retraída	Vogal tem qualidade mais posterior do que a da cardeal utilizada para representar o som que se quer identificar.
˖	avançada	Vogal tem qualidade mais anterior do que a da cardeal utilizada para representar o som que se quer identificar.
+	centralizada	Vogal tem qualidade mais centralizada do que a da cardeal empregada para representar o som que se quer identificar.

As vogais do PB, por exemplo, não se realizam exatamente nas posições definidas no quadrilátero que apresentamos na Figura 14. Compare o símbolo [a], que representa a vogal baixa central, encontrado na Figura 14, que esquematiza a posição das vogais cardeais, com o mesmo símbolo mostrado na Figura 15, que apresenta dados coletados em uma pesquisa desenvolvida por Cagliari (1981), referente à pronúncia das vogais do PB.

Na Figura 15, essa vogal exibe uma qualidade mais centralizada do que aquela verificada na Figura 14; assim, ela poderia ser transcrita como: [a̟]. Poderíamos dizer portanto que a vogal baixa do PB ([a̟]) é mais centralizada do que a sua vogal cardeal correspondente. Com isso, é possível fazer um levantamento de outras pesquisas sobre vogais de outras línguas (como francês ou inglês) e, comparando-as às vogais cardeais, observar, por exemplo, as diferenças entre os segmentos vocálicos do PB e das demais línguas.

Figura 15: Diagrama vocálico com a localização das vogais do PB (Adaptado de Cagliari (1981: 50)).

Vogais	Exemplos
[i]	ri
[ɪ]	chore
[e]	lê
[ɛ]	ré
[a]	casa
[ɐ]	casa
[ɔ]	avó
[o]	avô
[ʊ]	tudo
[u]	tudo

Localização

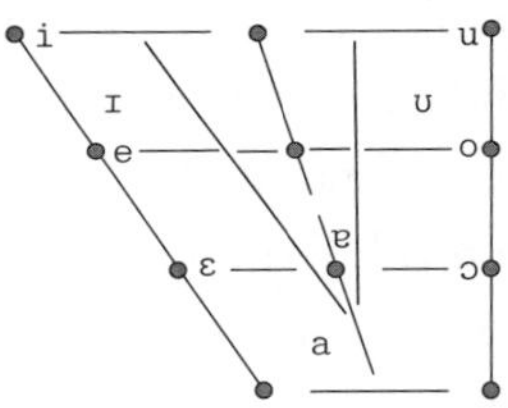

3.2. Vogais Nasais

Até agora, observamos o comportamento fonético de sons vocálicos produzidos com o levantamento do véu do palato, tendo, como passagem para a corrente de ar, somente a cavidade oral – essas são as vogais orais. No entanto, existem segmentos vocálicos que são produzidos com o véu do palato abaixado, fazendo com que a corrente de ar passe tanto pela cavidade oral quanto pela nasal – as vogais nasais. Esse tipo de articulação traz modificações mais acentuadas para umas vogais do que para outras.

As vogais nasais [ĩ] e [ũ] são produzidas com a língua em posição elevada como nas vogais altas orais [i] e [u], mas com o abaixamento do véu do palato. Na Figura 16, você pode observar a configuração do trato oral e nasal na produção das vogais nasais altas.

Figura 16: Movimentos articulatórios para a produção de vogais nasais altas.

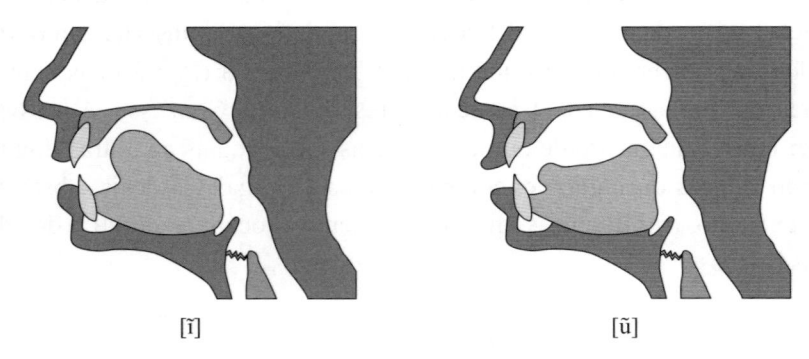

[ĩ]   [ũ]

Por sua vez, na articulação de vogais nasais que são produzidas com a língua na posição mais baixa, há necessidade de um maior abaixamento do véu do palato para que essas vogais soem como nasais. Nesse caso, há uma diferença de qualidade vocálica bastante evidente na articulação de uma vogal baixa oral e de uma nasal. Para representar essa vogal nasal, empregamos o símbolo fonético [ẽ]. Experimente produzir em voz alta as palavras 'ata' e 'anta' e depois a primeira sílaba de cada uma das palavras separadamente; você terá produzido o [a] e o [ẽ]. Na Figura 17, podemos visualizar os movimentos articulatórios envolvidos na produção da vogal nasal baixa central.

Figura 17: Movimentos articulatórios para a produção da vogal nasal baixa.

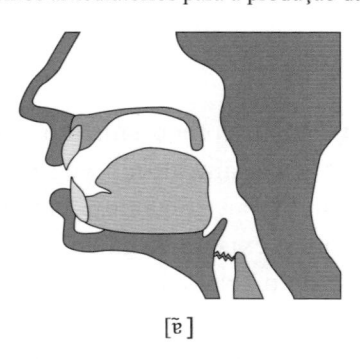

[ẽ]

As vogais que são realizadas com um gradual abaixamento da língua, como as médias, terão, na produção de suas vogais nasais correspondentes, um abaixamento também gradual do véu do palato. No caso das médias, o PB tem apenas as vogais médias-altas, [ẽ] e [õ]. Essas realizações correspondem às vogais das primeiras sílabas das palavras 'pente' e 'ponte', respectivamente. Observe, na Figura 18, como o trato oral se configura para a produção das vogais nasais médias do PB.

Figura 18: Movimentos articulatórios para a produção de vogais nasais médias-altas.

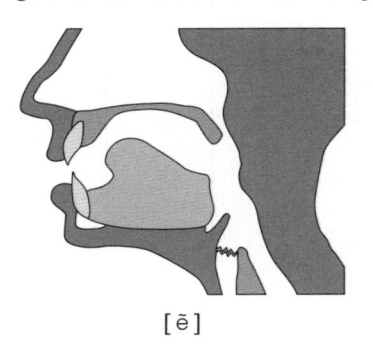 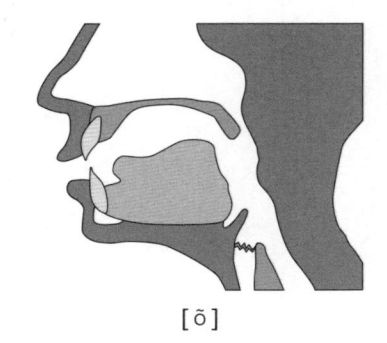

[ẽ] [õ]

Em termos articulatórios, podemos ver, de forma mais clara, as modificações que ocorrem no nível da cavidade oral quando são produzidas vogais nasais, se atrelarmos as configurações do trato vocal aos seus correlatos acústicos. As vogais geralmente

> Retomando: formantes são ressonâncias intensificadas dentro do aparelho fonador que se configura como um filtro acústico. Essa amplificação de frequências vai depender do tubo acústico que é formado para a produção de cada uma das vogais.

apresentam **formantes**, que são ressonâncias enfatizadas no trato oral, e podem ser caracterizadas a partir de suas duas primeiras ressonâncias. A primeira (F1) corresponde ao movimento vertical (altura de língua e mandíbula) e a segunda (F2) corresponde ao movimento horizontal (avanço/recuo de língua e lábios).

Vejamos as modificações ocorridas no nível da cavidade oral quando as vogais são nasais. Nas Figuras 19 e 20, são apresentados dados retirados de uma pesquisa sobre vogais nasais na fala de Florianópolis (Seara, 2000). Através de esquemas vocálicos, representando o espaço acústico das vogais orais e nasais do PB, elaborado com base nas duas primeiras frequências de ressonâncias orais – F1 e F2 –, observamos que, em contexto tônico (Figura 19), as diferenças entre orais e nasais são mais acentuadas do que em contexto átono (Figura 20). Vemos também que, no dialeto florianopolitano, a vogal nasal que apresenta mais diferenças em relação à sua contraparte oral é a vogal baixa [a].

Figura 19: Espaço bidimensional, definido pelas médias de F1 x F2, das vogais orais (linha grossa) e nasais (linha fina) em contexto tônico (Seara, 2000: 141).

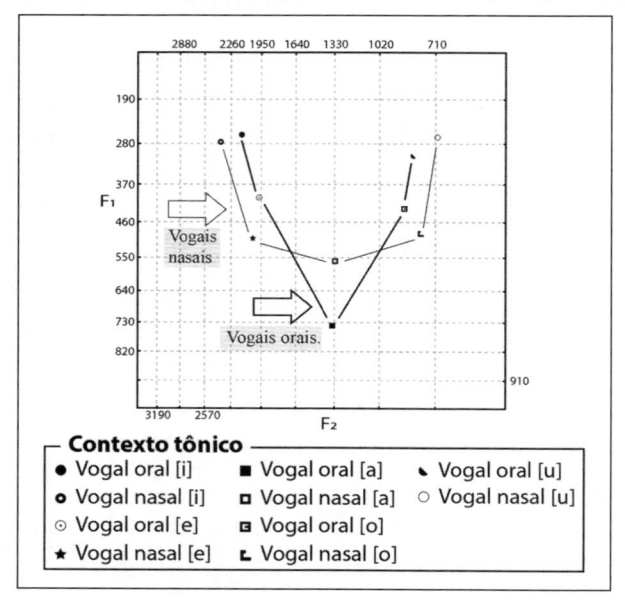

Figura 20: Espaço bidimensional, definido pelas médias de F1 x F2, das vogais orais (linha grossa) e nasais (linha fina) em contexto átono (Seara, 2000: 143).

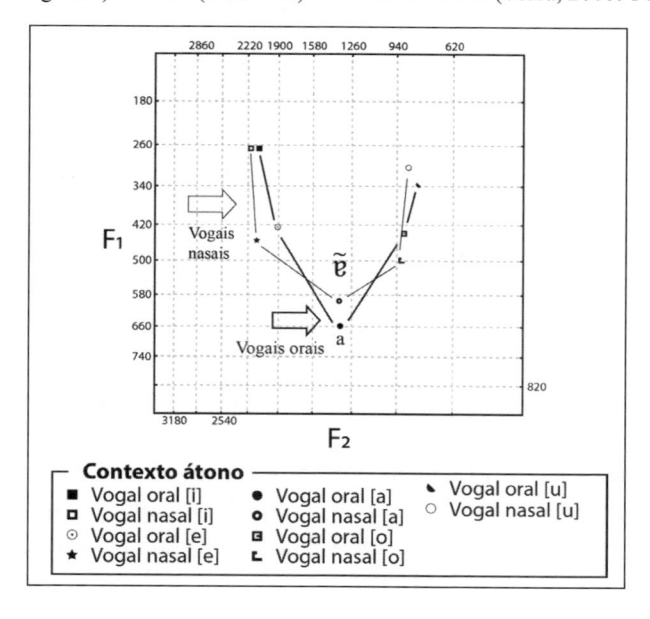

3.3. Propriedades articulatórias secundárias

Além das propriedades anteriormente apresentadas para a definição de segmentos vocálicos (altura e avanço/recuo da língua, arredondamento dos lábios), ainda podemos caracterizá-los a partir de algumas propriedades articulatórias secundárias, como duração, desvozeamento, nasalização e tensão.

➔ Duração: é uma medida relativa, que pode ser usada para fins comparativos. Os diacríticos empregados para marcar a duração são: [ː], [·] e [ˇ], correspondendo à duração longa, média e breve, respectivamente. Assim, vogais longas são representadas como [aː]; vogais com duração média, como [a ·]; e as breves, como [ă]. Qualquer vogal pode apresentar essas propriedades, por isso esses símbolos só devem ser usados quando de fato tal característica for relevante para a língua.

➔ Desvozeamento: as vogais são segmentos vozeados (sonoros), isto é, em sua articulação as pregas vocais vibram. No entanto, em contextos particulares, esses segmentos podem ser produzidos sem essa vibração, ocorrendo assim o desvozeamento. O diacrítico que representa a falta de vibração das pregas vocais, quando elas deveriam vibrar, é [̥]. No PB, o desvozeamento de vogais acontece em posição átona final de palavra, por exemplo, em vocábulos como 'caco', que deve, nesse caso, ser transcrito como: [ˈkakụ].

➔ Nasalização: como já vimos anteriormente, o diacrítico que assinala a nasalização é o [˜]. Além das vogais nasais, que ocorrem com o abaixamento do véu do palato, deixando o fluxo de ar sair por duas cavidades (a oral e a nasal), temos vogais que são nasalizadas em função dos contextos vizinhos. É o que ocorre em palavras como 'cama', 'ninho', 'tenho', nas quais o abaixamento do véu do palato para a articulação da consoante nasal adjacente é realizado antes da completa articulação da vogal que antecede esse segmento nasal; isso faz com que tais vogais sejam percebidas como nasalizadas. Em contexto tônico, essa nasalização é mais perceptível do que em contexto átono. As palavras 'cama', 'tenho', 'ninho' são transcritas, respectivamente, como: [ˈkẽmɐ], [ˈtẽɲu] e [ˈnĩɲu].

63

➔ Tensão: segmentos tensos são aqueles realizados com maior esforço muscular e opõem-se a segmentos frouxos. No PB, as vogais átonas finais de 'safári' [saˈfaɾɪ] e 'pato' [ˈpatʊ] são frouxas em relação às tônicas finais de 'jacu' [ʒaˈku] e 'saci' [saˈsi].

3.4. Ordem para classificação das vogais

Quando classificamos os sons vocálicos, primeiramente consideramos o abaixamento ou levantamento do véu do palato, em seguida os classificamos em função da altura da língua, do movimento de anterioridade (avanço da língua) ou posterioridade (recuo da língua) e, por fim, anotamos seu arredondamento, caso seja pertinente (ver Tabela 1 e Quadro 4 a seguir).

Exemplo: [u] vogal oral alta posterior arredondada.

Tabela 1: Sons vocálicos do PB em posição pré-tônica, tônica e pós-tônica.

		Anterioridade/Posterioridade da Língua				
	Altura da língua	Anterior		Central	Posterior	
		Arredondada	Não arredondada		Arredondada	Não arredondada
Pré-tônica	Alta	i ĩ				ũ u
	Média-alta		e ẽ			õ o
	Média-baixa		ɛ[1]			ɔ[1]
	Baixa			a² ẽ̞		
Tônica	Alta	i ĩ				ũ u
	Média-alta		e ẽ			õ o
	Média-baixa		ɛ			ɔ
	Baixa			a² ẽ̞		
Pós-tônica	Alta	ɪ				ʊ
	Média-alta		e³ ẽ			õ o³
	Média-baixa					
	Baixa			ɐ ẽ̞		

[1] Esses segmentos em sílabas átonas aparecem em palavras derivadas como 'cafezinho', 'bolinha', nas quais as sílabas tônicas são respectivamente 'zi' e 'li', mas cujas sílabas pré-tônicas 'fe' e 'bo' possuem um acento secundário herdado de suas correspondentes palavras de origem. Aparecem também em alguns dialetos do Nordeste, por exemplo, em que se tem a abertura da vogal pré-tônica como em [pɛɾɛˈɾɛkɐ].

[2] Essa vogal é tida como baixa anterior, mas sua produção no português brasileiro representa uma vogal baixa central, como podemos verificar nas Figuras 19 e 20. Assim, será dessa forma que essas vogais serão aqui classificadas.

[3] Esses segmentos em posição pós-tônica final aparecem de forma minoritária em algumas regiões do Brasil, como, no interior do Paraná, de Santa Catarina e do Rio Grande do Sul.

Quadro 4: Classificação das vogais do PB com exemplos e transcrições (IPA) 🎧.

Vogais Orais	Exemplos	Transcrições*
[i]	Vogal oral alta anterior não arredondada	picado digo	[piˈkadʊ] [ˈdigʊ][ˈdʒigʊ]
[ɪ]	Vogal oral alta anterior não arredondada (átona final de palavra)	tapete	[taˈpetɪ] [taˈpetʃɪ]
[e]	Vogal oral média-alta anterior não arredondada	terei tapete leite cólera	[teˈɾej] [taˈpetɪ][taˈpetʃɪ] [ˈlejtɪ][ˈlejtʃɪ] [ˈkɔleɾɐ]
[ɛ]	Vogal oral média-baixa anterior não arredondada	pezinho pé	[pɛˈzĩɲʊ] [ˈpɛ]
[a]	Vogal oral baixa central	acaba pacata	[aˈkabɐ] [paˈkatɐ]
[ɐ]	Vogal oral baixa central (átona final de palavra)	pacata	[paˈkatɐ]
[ɔ]	Vogal oral média-baixa posterior arredondada	pozinho pó	[pɔˈzĩɲʊ] [ˈpɔ]
[o]	Vogal oral média-alta posterior arredondada	colado todo oxítona	[koˈladʊ] [ˈtodʊ] [ɔˈksitonɐ]
[u]	Vogal oral alta posterior arredondada	tabulado tudo tábula	[tabuˈladʊ] [ˈtudʊ] [ˈtabulɐ]
[ʊ]	Vogal oral alta posterior arredondada (átona final de palavra)	tudo	[ˈtudʊ]
Vogais Nasais	**Exemplos**	**Transcrições**
[ĩ]	Vogal nasal alta anterior não arredondada	tinta tinteiro	[ˈtĩtɐ][ˈtʃĩtɐ] [tĩˈtejɾʊ][tʃĩˈtejɾʊ]
[ẽ]	Vogal nasal média-alta anterior não arredondada	pente pentear	[ˈpẽtɪ][ˈpẽtʃɪ] [pẽtiˈax][pẽtʃiˈax]

65

[ẽ]	Vogal nasal baixa central não arredondada	canto cantora	[ˈkẽtʊ] [kẽˈtoɾɐ]
[õ]	Vogal nasal média-alta posterior arredondada	ponte apontador	[ˈpõtɪ][ˈpõtʃɪ] [apõtaˈdox]
[ũ]	Vogal nasal alta posterior arredondada	unta untado	[ˈũtɐ] [ũˈtadʊ]

* Lembramos que as transcrições feitas com os colchetes ([ ]) referem-se à produção das palavras exemplificadas, e o símbolo (ˈ) sinaliza que a sílaba que o segue é a tônica (isso quer dizer que, nas transcrições fonéticas, esse símbolo deve ser colocado antes da sílaba tônica).

4. ENCONTROS VOCÁLICOS

No PB, atesta-se a ocorrência de encontros de dois ou três segmentos vocálicos, aos quais se dão respectivamente os nomes de ditongos e tritongos, formados, em geral, pelas vogais altas anterior [i] e posterior [u]. Quando essas vogais ocupam as posições periféricas da sílaba, são chamadas de semivogais e apresentam menor proeminência acentual se comparadas às vogais que elas acompanham. São encontrados como símbolos das semivogais [j], [y], [ɪ] para a alta anterior; e [w], [ʊ̯] para a alta posterior. O símbolo [ˎ] é usado para representar a vogal assilábica, isto é, que não ocupa o núcleo da sílaba. Na palavra 'pai', por exemplo, a semivogal 'i' é o elemento assilábico, então poderíamos ter a transcrição [ˈpaɪ] ou [ˈpaj].

> Veremos mais detalhes sobre núcleo silábico na seção "Estrutura silábica do português brasileiro" do capítulo "Fonologia".

4.1. Ditongos

Os ditongos são formados por dois segmentos vocálicos. Há, no entanto, duas possibilidades de sequência em uma mesma sílaba: vogal-semivogal (como em 'cai' [ˈkaj] ou 'meu' [ˈmew]) ou semivogal-vogal (como em 'Márcia' [ˈmaxsjɐ]. As sequências finalizadas por semivogal são sempre inseparáveis e são chamadas de ditongos decrescentes, pois terminam pela vogal com menor proeminência acentual. Na sequência semivogal-vogal, chamada de ditongo crescente, por ser finalizada pelo segmento de maior proeminência (a vogal), há a possibilidade de esses dois segmentos constituírem sílabas separadas. Nesse caso, teríamos um hiato, um encontro entre vogais diferentes. É o caso da palavra 'Márcia' que pode ser produzida como ['maxsiɐ], tendo, no encontro das vogais [ia], um hiato, ou ['maxsjɐ] em que se tem o ditongo crescente [jɐ].

Veja, no Quadro 5, a seguir, a lista de ditongos crescentes e decrescentes, nasais e orais do português brasileiro, com exemplos para cada um deles.

Quadro 5: Levantamento dos ditongos crescentes e decrescentes orais e nasais do PB com respectivos exemplos 🎧.

Decrescente				Crescentes			
Orais		Nasais		Orais		Nasais	
[aj]	gaita	[ẽw]	mão	[jɐ]	farmácia	[wẽ]	quando
[ej]	leite	[ẽj]	mãe	[jɪ]	série	[wĩ]	pinguim
[ɛj]	ideia	[ẽj]	tem	[jɔ]	biópsia		
[oj]	oito	[õj]	põe	[jo]	biologia		
[ɔj]	joia	[ũj]	muito	[jʊ]	armário		
[uj]	circuito			[wa]	quase		
[aw]	aula			[wɪ]	tênue		
[ew]	deu						
[ɛw]	papel						
[iw]	abriu						
[ow]	roubo						
[uw]	sul						
[ɔw]	lençol						

> Observe, no Quadro 5, que palavras como 'papel', 'lençol' e 'sul', dependendo do dialeto, podem ser produzidas com a vocalização do 'l', fazendo surgir a semivogal [w], formando com a vogal da sílaba um ditongo decrescente como em [pa'pɛw], [lẽ'sɔw]; ['suw], respectivamente. Em outros dialetos, a consoante 'l' também pode ser produzida como uma lateral velarizada [ɫ], como em: [pa'peɫ], [lẽ'soɫ] e [suɫ], e nesses casos não temos um ditongo.

4.2. Tritongos

> Veja, na Tabela 1 do capítulo "Introduzindo a Fonética e a Fonologia", que o diacrítico [ʷ] representa a labialização.

Nos encontros de três seg-mentos vocálicos, em que somen-te um deles ocupa o pico silábico, temos os chamados tritongos. Exemplos de tritongos estão presentes nas palavras 'Uruguai', 'enxaguei' e 'saguão', transcritas, respectivamente, como: [uɾuˈgʷaj], [ẽʃaˈgʷej], [saˈgʷẽw]. Alguns estudiosos consideram os tritongos como a fusão de um ditongo crescente e um decrescente; outros consideram que tritongos, precedidos de [k] e [g], seriam formados por consoantes complexas seguidas de ditongo. Assim, em palavras como 'Uruguai', o dígrafo <gu> representaria uma consoante velar arredondada ou labializada [uɾuˈgʷaj].

A apresentação dos encontros vocálicos dentro do campo da Fonética, e não do da Fonologia, foi uma decisão nossa, pois achamos que ficaria mais claro para o leitor o comportamento dessas semivogais em relação às vogais. No entanto, esses encontros serão retomados no capítulo "Fonologia", para a discussão dos tipos de sílabas encontradas para o PB.

Quando temos vogais ocorrendo na mesma sílaba, seja em ditongos ou tritongos, elas nunca têm o mesmo peso; em outras palavras, podemos dizer que, nos encontros entre vogais, sempre existe uma que é a mais forte. Essa vogal mais forte será tratada como *vogal* e as demais serão as *semivogais*. Uma dica para descobrir qual é a vogal e qual é a semivogal é pronunciar a sílaba em que se encontra o ditongo ou o tritongo prolongando um dos sons vocálicos. O som que permite ser sustentado com mais naturalidade será a vogal e o(s) outro(s) semivogal(is). Vamos tentar descobrir qual é a vogal e qual é a semivogal da sílaba da palavra 'noite'? Sustente primeiro a pronúncia de 'o' 'noooooite' e depois tente manter 'i', pronunciando 'noiiiiiite'. Perceba como é mais natural prolongar o 'o'; logo, o 'o' será a vogal [o] e o 'i' a semivogal [j] e a transcrição de 'noite' será [ˈnojtɪ]. Só a vogal desse encontro vocálico – a vogal [o] – ocupará o núcleo da sílaba, pois terá maior proeminência ao ser pronunciada. Nessa sílaba, a semivogal é assilábica porque não ocupará o núcleo de sílaba.

4.3. Hiatos

Há ainda encontros de duas vogais nos quais cada uma constitui o núcleo de uma sílaba: são os hiatos. São exemplos de hiato as palavras 'saí' e 'baú', transcritas, respectivamente, como: [sa'i] e [ba'u]. O hiato pode ser intravocabular, quando ocorre dentro de uma palavra, ou intervocabular, quando é consequência do encontro entre uma vogal final de uma palavra e a vogal inicial de outra.

Temos hiatos nas seguintes sequências (Cavalieri, 2005):

a. Entre vogais iguais átonas: 'caatinga', 'coordenação'.
b. Entre vogais iguais, sendo a primeira tônica: 'voo', 'veem'.
c. Entre vogais iguais, em que a segunda é tônica: 'alcoólico', 'xiita'.
d. Entre vogais diferentes átonas: 'doação', 'estereotipado'.
e. Entre vogais diferentes, sendo a primeira tônica: 'Maria', 'pavio'.
f. Entre vogais diferentes, sendo a segunda tônica: 'freada'.

Os hiatos, presentes nos itens (a), (b) e (c), têm uma forte tendência à crase (contração), por exemplo, 'coordenação' e 'alcoólico' podem ser pronunciadas como [koɣdena'sẽw] e [aw'kɔlikʊ]. As palavras do item (b) exibem hiatos que são, por vezes, simplificados, restando apenas um ditongo, dessa forma 'veem' pode ter a pronúncia ['vẽj].

5. AS CONSOANTES

As consoantes são classificadas articulatoriamente segundo seu modo de articulação, ponto de articulação e vozeamento.

Os segmentos consonantais distinguem-se dos segmentos vocálicos, pois, enquanto os vocálicos deixam que a corrente de ar vinda dos pulmões passe livremente (sem maiores resistências), os consonantais, para serem articulados, apresentam algum tipo de resistência (obstrução) ao fluxo de ar no trato oral. Essa obstrução pode ser total ou parcial. Há consoantes que apresentam uma obstrução momentânea e total à passagem do ar pelas cavidades supraglóticas e há aquelas que apresentam somente um estreitamento do canal bucal, obstruindo-o apenas parcialmente. A maneira como o ar passa pelas cavidades supraglóticas é definida como **modo de**

69

articulação. Para a caracterização de consoantes, deve-se levar em conta também a posição dos articuladores passivos e ativos quando produzem tais segmentos. A relação entre esses articuladores é definida como **lugar ou ponto de articulação** da consoante.

Para que possamos observar com mais clareza quais são os órgãos envolvidos nos movimentos para a produção de consoantes, vamos rever, na Figura 21, o aparelho fonador, agora com seus órgãos ativos e passivos estilizados. Na Figura 22, serão apresentados em detalhes os órgãos ativos e passivos localizados na cavidade oral.

Figura 21: Modelo funcional do trato vocal humano estilizado,
adaptado de Clark e Yallop (1995: 12).

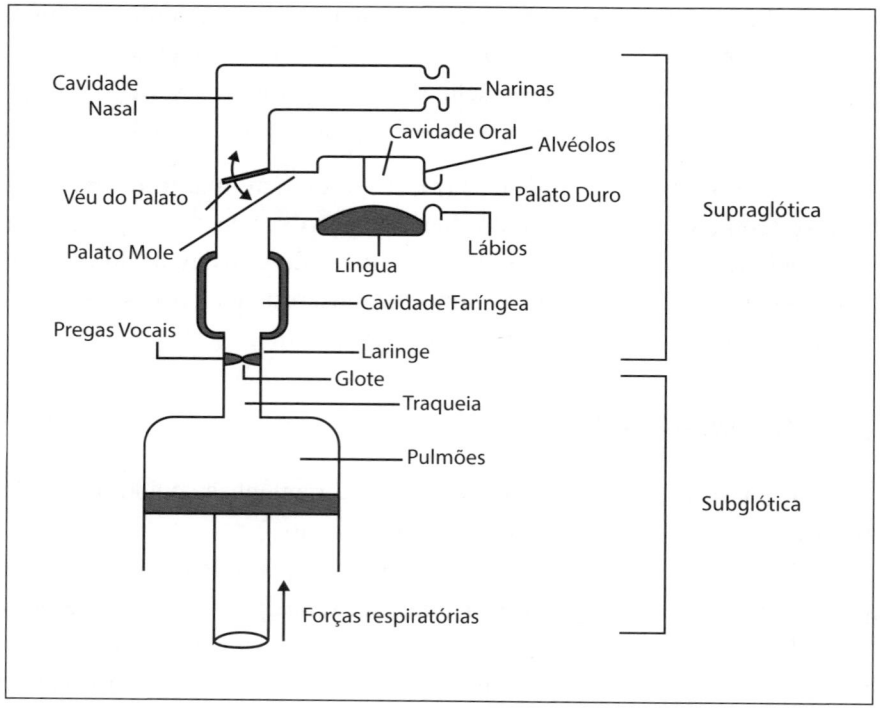

Figura 22: Trato oral com seus órgãos ativos (língua, lábios, palato mole)
e passivos (dentes superiores, palato duro, alvéolos) em detalhes.

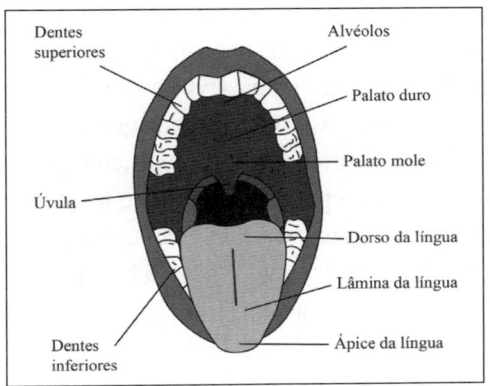

Como vimos inicialmente, os segmentos consonantais dividem-se ainda em dois grandes grupos: os denominados segmentos surdos ou não vozeados, produzidos sem vibração das pregas vocais, e os chamados sonoros ou vozeados, produzidos com as pregas vocais em vibração. Esse parâmetro relacionado à vibração ou não das pregas vocais é definido como **vozeamento ou sonoridade**.

Vamos agora passar à descrição articulatória das consoantes do PB.

5.1. Modo de articulação

Como já vimos, o modo de articulação está relacionado ao tipo de obstrução produzido no trato vocal. Na Figura 23, a seguir, podemos verificar as constrições realizadas na produção das consoantes oclusivas e fricativas em relação às vogais. Notamos novamente que, para as consoantes, o trato vocal encontra-se muito mais fechado do que para os sons vocálicos.

Figura 23: Constrições do trato oral nas produções vocálicas e consonantais.

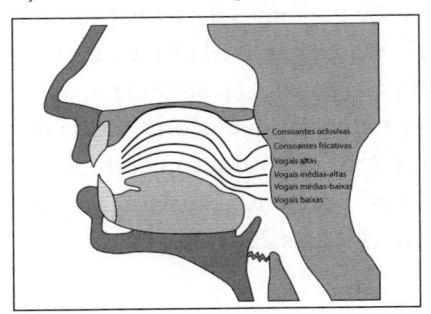

Segundo o modo de articulação, as consoantes classificam-se em:

➔ Oclusiva/plosiva: consoante produzida com uma obstrução total e momentânea do fluxo de ar nas cavidades supraglóticas, realizada pelos articuladores (ativo e passivo), por isso chamada de oclusiva. A percepção de uma explosão acústica gerada quando ocorre a liberação da oclusão faz com que esse segmento seja também chamado de plosivo. O véu do palato encontra-se levantado, e o fluxo de ar é encaminhado apenas para a cavidade oral, como nos exemplos: 'paga', 'bata', 'data', 'cada', 'gata' 🎧. Em 'paga' ([ˈpagɐ]) e 'bata' ([ˈbatɐ]), os sons [p] e [b] (Figura 24a) são emitidos com uma obstrução total nos lábios. Na palavra 'data' [ˈdatɐ], os sons [t] e [d] (Figura 24b) são produzidos com uma obstrução total na região que vai dos dentes aos alvéolos. Em 'cada' ([ˈkadɐ]) e 'gata' ([ˈgatɐ]), na realização dos sons [k] e [g] (Figura 24c), há uma obstrução total localizada no véu do palato.

Figura 24: Configuração articulatória das consoantes oclusivas (a) bilabiais ([p]-[b]); (b) alveolares ([t]-[d]) e (c) velares ([k]-[g]).

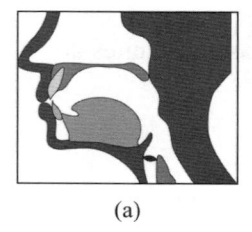 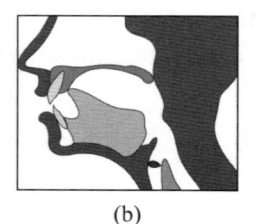 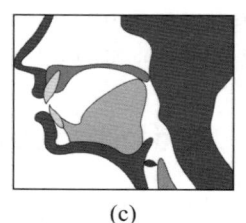

(a)   (b)   (c)

➔ Nasal: consoante produzida com uma obstrução total e momentânea do fluxo de ar na cavidade oral. Há, no entanto, um abaixamento simultâneo do véu do palato, permitindo a liberação do ar pela cavidade nasal. O ar então saindo dos pulmões ressoa também na cavidade oral antes de ser expelido através apenas da cavidade nasal. São exemplos de palavras com sons nasais: 'mano' e 'banho' 🎧. Em 'mano' ([ˈmɐ̃nʊ]), o som [m] apresenta uma obstrução no trato oral que ocorre nos lábios (Figuras 25a); em [n] (Figuras 25b), a obstrução ocorre nos alvéolos. Na palavra 'banho' ([ˈbɐ̃ɲʊ]), a consoante nasal [ɲ] realiza a obstrução oral no palato duro (Figuras 25c).

Figura 25: Configuração articulatória das consoantes nasais: (a) bilabial ([m]); (b) alveolar ([n]) e (c) palatal ([ɲ]).

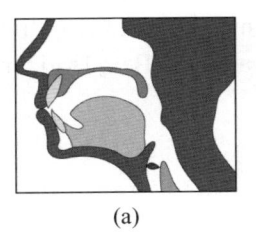 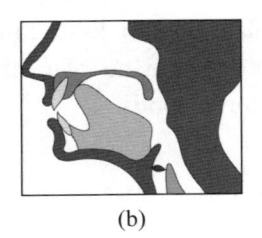 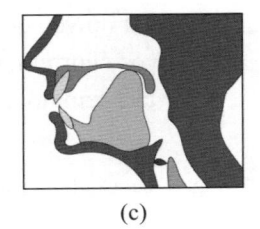

(a) (b) (c)

➔ Fricativa: consoante produzida com um estreitamento do canal bucal, formando uma oclusão apenas parcial, realizada pelos articuladores, fazendo com que a passagem do fluxo de ar nas cavidades supraglóticas gere um ruído de fricção. O véu do palato encontra-se levantado e o fluxo de ar é encaminhado apenas para a cavidade oral. As palavras 'fava', 'saca', 'azar', 'chato', 'jato' 🎧 apresentam exemplos desses sons fricativos. Na palavra 'fava' (['favɐ]), as duas consoantes fricativas [f] e [v] (Figura 26a) são produzidas com o lábio inferior se dirigindo para os dentes superiores, mas sem tocá-los efetivamente, pois a obstrução é parcial. Em 'saca' (['sakɐ]) e 'azar' ([a'zax]), as fricativas [s] e [z] (Figura 26b) são produzidas formando uma ranhura estreita no meio da lâmina da língua na direção dos alvéolos e posicionando as bordas da língua contra os dentes superiores ou alvéolos para dirigir o fluxo de ar por essa ranhura estreita. As consoantes [ʃ] e [ʒ] (presentes nas palavras 'chato' (['ʃatʊ]) e 'jato' (['ʒatʊ]) (Figura 26c)) oferecem uma constrição no trato a partir de um estreitamento na região entre os alvéolos e o palato duro, que é produzido com a parte anterior da língua. Essas fricativas podem ser classificadas como sibilantes (as alveolares [s] e [z]), ou como chiantes (as pós-alveolares [ʃ] e [ʒ]). Temos ainda as fricativas velares [x] e [ɣ], uvulares [χ] e [ʁ], e as fricativas glotais [h] e [ɦ], que correspondem aos sons de 'erre' como nas palavras 'corta' (transcrita como ['kɔxtɐ] ou ['kɔhtɐ] ou ['kɔχtɐ]), e 'corda' (transcrita como ['kɔɣdɐ] ou ['kɔɦdɐ] ou ['kɔʁdɐ]) 🎧 . Para as velares [x ɣ], o estreitamento ocorre com o dorso da língua se dirigindo à região do palato mole (vélum); para as glotais [h ɦ], nas quais

73

os ligamentos da glote se comportam como articuladores, a fricção ocorre na laringe. As uvulares [χ ʁ] têm sua fricção produzida no final do véu do palato (úvula). Esses diferentes sons de 'erre' fricativos ocorrem, por exemplo, no falar carioca, no de Belo Horizonte e também no de Florianópolis.

Figura 26: Configuração articulatória das fricativas (a) labiodentais ([f]-[v]); (b) alveolares ([s]-[z]) e (c) alveopalatais ([ʃ]-[ʒ]).

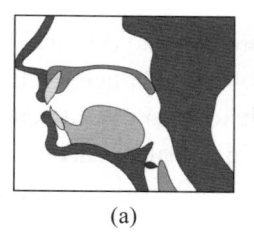 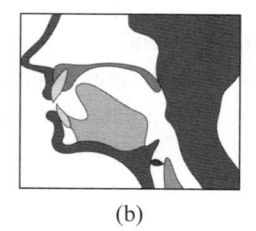 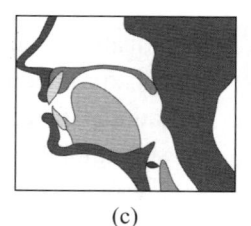

(a)   (b)   (c)

→ Africada: consoante produzida com uma oclusão total e momentânea do fluxo de ar, seguida de um estreitamento do canal bucal, gerando um ruído de fricção, logo após o relaxamento da oclusão. Aqui também o véu do palato encontra-se levantado, e o fluxo de ar passa apenas pela cavidade oral. Essas consoantes estão presentes nas palavras 'tia' e 'dia', produzidas como [ˈtʃiɐ] e [ˈdʒiɐ], por exemplo, no dialeto carioca 🎧 . São produzidas com a parte anterior da língua tocando na região pós-alveolar (Figura 27a) e depois se afastando, gerando fricção (Figura 27b). As consoantes [tʃ] e [dʒ] se diferenciam apenas pelo vozeamento, sendo a primeira não vozeada e a segunda vozeada.

Figura 27: Configuração articulatória da africada produzida com a sequência de dois movimentos articulatórios: (a) oclusão total e (b) bloqueio parcial com fricção.

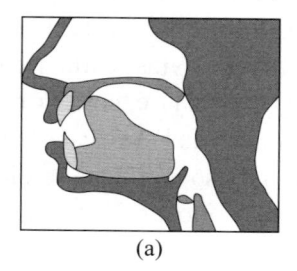 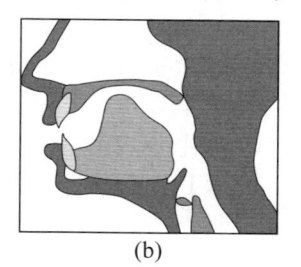

(a)   (b)

• Tepe (ou *tap*): consoante produzida com uma oclusão total e rápida do fluxo de ar na cavidade oral. O véu do palato está levantado, impedindo a passagem do ar pela cavidade nasal. São tepes os sons [ɾ] e [ɽ]. Na produção do [ɾ] (Figura 28), ocorre uma oclusão percebida como uma batida bastante rápida da lâmina da língua nos alvéolos, permitindo uma oclusão total, mas extremamente breve e pode ser observada nas palavras: 'caro' [ˈkaɾʊ], 'prato' [ˈpɾatʊ] e 'carta' [ˈkaɾtɐ] (ou como retroflexo (Figura 29) [ˈkaɽtɐ]). 🎧

Figura 28: Configuração articulatória do tepe alveolar [ɾ].

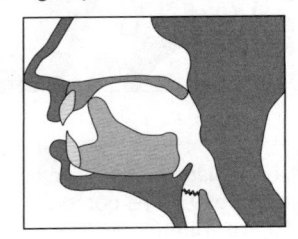

→ Vibrante: consoante em que a ponta da língua ou a úvula provoca uma série de oclusões totais muito breves. A passagem do ar pela cavidade nasal também está bloqueada. São exemplos dessas vibrantes as palavras 'roda' e 'carro', produzidas como [ˈrodɐ] ou [ˈʀodɐ], [ˈkarʊ] ou [ˈkaʀʊ] 🎧. A vibrante alveolar [r] (Figura 29) aciona essa série de rápidas oclusões tocando a ponta da língua nos alvéolos. Já a vibrante uvular [ʀ] realiza uma sequência de bloqueios tocando o dorso da língua através da vibração da úvula.

→ Aproximante: consoante articulada com uma constrição que é maior do que a requerida para uma vogal, mas não radical o suficiente para produzir turbulência da corrente de ar. São produzidas com a cavidade nasal bloqueada pelo véu do palato impedindo a passagem de ar pelas narinas. São consideradas aproximantes no PB representantes dos sons de 'erre' com ponto de articulação alveolar [ɹ] ou retroflexo [ɻ], e as semivogais [j] e [w]. As aproximantes são normalmente vozeadas. O som retroflexo [ɻ] pode ser percebido na pronúncia do 'erre' em final de sílaba no dialeto caipira em palavras como: 'mar' [ˈmaɻ] e 'porca'

[ˈpɔɽke]. A aproximante alveolar pode ser encontrada nos mesmos ambientes em que o tepe ocorre, como grupos consonantais – 'prato' [ˈpɹatʊ] – e em final de sílaba – 'porca' [ˈpɔɹke] 🎧.

Figura 29: Configuração articulatória do tepe retroflexo [ɽ].

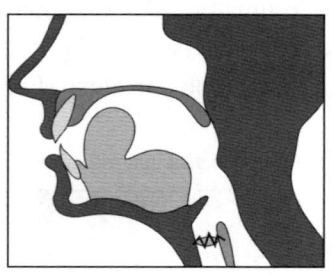

> Análises acústicas têm identificado o retroflexo no PB como uma aproximante retroflexa. Dessa forma, essa será a forma de apresentá-la nessas descrições.

→ Lateral: consoante produzida com uma oclusão central, posicionando a língua de forma a manter aberturas em ambos os lados entre a parte posterior da língua e os dentes molares superiores, deixando que o ar escape por essas aberturas laterais do trato oral. O véu do palato encontra-se levantado, e o fluxo de ar passa apenas pela cavidade oral. Nas palavras 'lata'([ˈlate]), 'sal' ([ˈsaɫ]) e 'telha' ([ˈteʎe]) 🎧, encontramos, respectivamente, a lateral alveolar vozeada [l], produzida com uma obstrução realizada com a ponta da língua no centro dos alvéolos; a lateral velar [ɫ], que é produzida com retração da ponta da língua e abaixamento do dorso que precede o movimento de elevação da língua em direção aos alvéolos (variante velarizada produzida, por exemplo, em algumas regiões do Rio Grande do Sul em posição final de sílaba); e a lateral palatal [ʎ], produzida com a parte anterior da língua tocando no centro do palato duro.

5.2. Ponto de articulação

O ponto de articulação está relacionado aos articuladores envolvidos na constrição de consoantes, e é definido a partir da posição do articulador ativo em relação ao passivo. Na Figura 30, a seguir, podemos verificar a distribuição dos pontos de articulação no trato oral.

Figura 30: Distribuição dos pontos de articulação no PB.

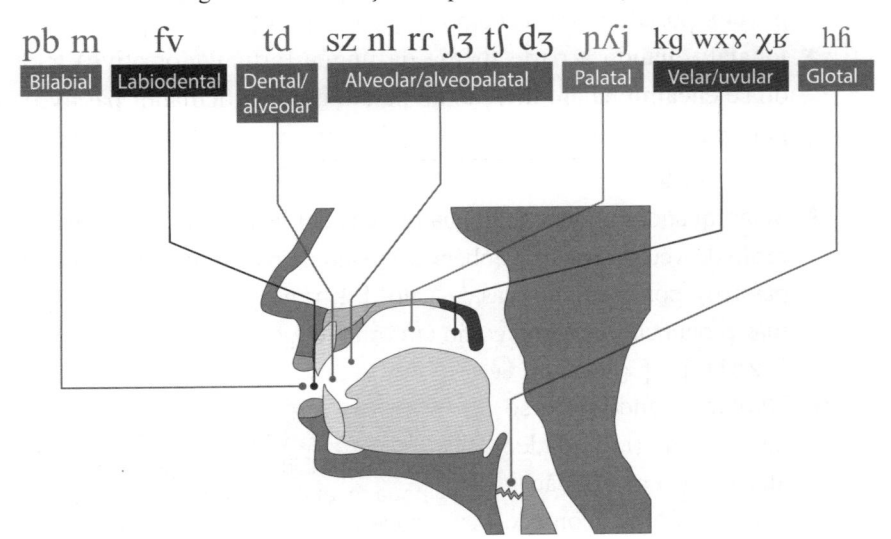

Quanto ao ponto de articulação, as consoantes são classificadas como:

→ Bilabial: quando o lábio inferior (articulador ativo: móvel) toca no lábio superior (articulador passivo), por exemplo em 'mamãe', 'papai', transcritos como: [mẽˈmẽj], [paˈpaj] 🎧.

→ Labiodental: quando o lábio inferior (articulador ativo) vai em direção aos dentes incisivos superiores (considerados os articuladores passivos), por exemplo em 'farofa', 'fava', transcritos como: [faˈɾofɐ], [ˈfavɐ] 🎧.

→ Alveolar: quando a ponta ou lâmina da língua (articulador ativo) toca ou vai na direção dos alvéolos (articuladores passivos), por exemplo em 'tato', 'dado' 'assa', 'asa', 'nata', 'nora', 'torra', transcritos como: [ˈtatʊ], [ˈdadʊ], [ˈasɐ], [ˈazɐ], [ˈnatɐ], [ˈnɔɾɐ], [ˈtoɾɐ] 🎧.

77

→ Alveopalatal: quando a parte anterior da língua (articulador ativo) toca ou se dirige para a região medial do palato duro (articulador passivo), por exemplo em 'chata', 'tchau', 'já', 'xarope', transcritos como: [ˈʃatɐ], [ˈtʃaw], [ˈʒa], [ʃaˈɾɔpɪ] 🎧.

→ Retroflexa: quando ocorre uma retração da ponta ou lâmina da língua (articulador ativo) em uma região mais elevada próxima dos alvéolos em direção ao centro do palato duro (articulador passivo), por exemplo em 'porta', transcrita como: [ˈpɔɻtɐ] ou [ˈpɔɭtɐ].

→ Palatal: quando a parte média da língua (articulador ativo) toca ou se encaminha em direção ao palato duro (articulador passivo), por exemplo em 'ganho', 'telha', transcritos como: [ˈgẽɲu], [ˈteʎɐ] 🎧.

→ Velar: quando o dorso da língua (articulador ativo) toca ou vai na direção do véu do palato, também chamado de palato mole (articulador passivo), por exemplo: 'casa', 'gato' [ˈkazɐ], [ˈgatu] 🎧 e algumas pronúncias de 'erre' como em 'rato' e 'gordo', transcritos como: [ˈxatu] e [ˈgoɣdu]. 🎧

→ Uvular: quando o dorso da língua (articulador ativo) vai em direção à úvula, como acontece em algumas pronúncias de 'erre', por exemplo em 'rato', 'gordo', transcritos como: [ˈχatu], [ˈgoʁdu] 🎧.

→ Glotal: quando os músculos da glote são os articuladores desse tipo de segmento, que ocorre também na pronúncia de 'erre', por exemplo em 'rato', 'gordo', transcritos como: [ˈhatu], [ˈgoɦdu] 🎧.

> Quando as consoantes [t] e [d] são produzidas com a ponta da língua tocando nos dentes incisivos superiores, os dados podem ser transcritos com o diacrítico [ˌ], que sinaliza a dentalização dessas produções. Nesse caso, palavras como 'tato' e 'dado' podem ser transcritas como: [ˈt̪at̪u], [ˈd̪ad̪u] 🎧. Em uma transcrição ampla, que não considera detalhes tão específicos, optamos por classificar tais sons como dentais-alveolares, uma vez que a articulação se dá na região que vai dos dentes superiores aos alvéolos. Como podemos ver, há também uma ampla variedade de sons para os "erres" no PB. As palavras 'rato', 'gordo' e 'corda', por exemplo, podem ser produzidas com erre velar, uvular, glotal ou retroflexo. Chamamos de róticos essas variedades de sons para o grafema <r>.

As classificações apresentadas neste texto usam como ponto de referência os articuladores passivos para nomear os segmentos consonantais. Salientamos isso porque há uma grande quantidade de nomes que se referem ao mesmo segmento e, pela sua variedade, podem confundir o leitor. Os exemplos a seguir usam, em sua nomenclatura, o nome dos órgãos ativos e o ponto em que eles tocam nos articuladores passivos, para a realização da constrição consonantal. Vejamos algumas dessas correspondências no Quadro 6.

Quadro 6: Correspondência das classificações encontradas na Fonética.

Apicodental ou Linguodental	→ Dental
Apicoalveolar ou Linguoalveolar	→ Alveolar
Apicopalatal ou Linguopalatal ou pós-alveolar	→ Palatoalveolar
	→ Alveopalatal
Dorsopalatal	→ Palatal
Dorsovelar	→ Velar

5.3. Vozeamento

As consoantes são classificadas quanto ao vozeamento como:

➔ Surdas ou não vozeadas: consoantes produzidas sem a vibração das pregas vocais, por exemplo: 'pata' ([ˈpatɐ]), 'faca' ([ˈfakɐ]) 🎧 .

➔ Sonoras ou vozeadas: consoantes produzidas com a vibração das pregas vocais, por exemplo: 'bolo' ([ˈbolʊ]), 'zona' ([ˈzonɐ]) 🎧 .

No Quadro 7, são apresentados os segmentos consonantais do PB, organizados segundo modo, ponto de articulação e vozeamento. No Quadro 8, será mostrada, para cada segmento consonantal, a classificação das consoantes com exemplos e transcrição.

Quadro 7: Segmentos consonantais do PB classificados segundo seu modo e ponto de articulação e vozeamento. No quadro, na coluna "Su" estão os segmentos surdos e na coluna "So", os sonoros.

		Ponto ou lugar de articulação																		
		Bilabial		Labiodental		Alveolar		Alveopalatal		Retroflexo		Palatal		Velar		Uvular		Glotal	
	Vozeamento	Su	So	Su	So	Su	So	Su	So	Su	So	Su	So	Su	So	Su	So	Su	So
Modo de Articulação	Oclusiva	p	b			t	d							k	g				
	Nasal		m				n						ɲ						
	Vibrante						r										R		
	Tepe (Tap)						ɾ			ɽ									
	Fricativa			f	v	s	z	ʃ	ʒ					x	ɣ	χ	ʁ	h	ɦ
	Africada							tʃ	dʒ										
	Lateral						l					ʎ							
	Aproximante						ɹ			ɻ		j			w				

79

Quadro 8: Classificação dos segmentos consonantais
do PB com exemplos e transcrições 🎧.

Consoante	Classificação	Exemplos	Transcrições
[p]	Consoante oclusiva bilabial surda	'paca'	['pakɐ]
[b]	Consoante oclusiva bilabial sonora	'bata'	['batɐ]
[t]	Consoante oclusiva dental-alveolar surda	'toca'	['tokɐ]
[d]	Consoante oclusiva dental-alveolar sonora	'data'	['datɐ]
[k]	Consoante oclusiva velar surda	'cada'	['kadɐ]
[g]	Consoante oclusiva velar sonora	'gota'	['gotɐ]
[tʃ]	Consoante africada alveopalatal surda	'tia'	['tʃiɐ]
[dʒ]	Consoante africada alveopalatal sonora	'dia'	['dʒiɐ]
[f]	Consoante fricativa labiodental surda	'faca'	['fakɐ]
[v]	Consoante fricativa labiodental sonora	'vaca'	['vakɐ]
[s]	Consoante fricativa alveolar surda	'saca'	['sakɐ]
		'cós'	['kɔs]
[z]	Consoante fricativa alveolar sonora	'zebra'	['zebrɐ]
		'casa'	['kazɐ]
[ʃ]	Consoante fricativa alveopalatal surda	'chata'	['ʃatɐ]
		'xícara'	['ʃikaɾɐ]
[ʒ]	Consoante fricativa alveopalatal sonora	'jaca'	['ʒakɐ]
		'gema'	['ʒemɐ]
[x]	Consoante fricativa velar surda	'carro'	['kaxʊ]
		'corta'	['kɔxtɐ]
[ɣ]	Consoante fricativa velar sonora	'corda'	['kɔɣdɐ]
[h]	Consoante fricativa glotal surda	'carro'	['kahʊ]
		'corta'	['kɔhtɐ]
[ɦ]	Consoante fricativa glotal sonora	'corda'	['kɔɦdɐ]
[χ]	Consoante fricativa uvular surda	'carro'	['kaχʊ]
		'corta'	['kɔχtɐ]
[ʁ]	Consoante fricativa uvular sonora	'corda'	['kɔʁdɐ]
[ɹ]	Consoante aproximante alveolar sonora	'prato'	['pɹatu]
[ɻ]	Consoante aproximante retroflexa sonora	'porca'	['poɻkɐ]
[m]	Consoante nasal bilabial sonora	'mala'	['malɐ]
[n]	Consoante nasal alveolar sonora	'nata'	['natɐ]
[ɲ]	Consoante nasal palatal sonora	'sonho'	['soɲu]
[ɾ]	Consoante tepe alveolar sonora	'caro'	['kaɾu]
[ɽ]	Consoante tepe retroflexa sonora	'corda'	['kɔɽdɐ]
[r]	Consoante vibrante alveolar sonora	'carro'	['karu]
[R]	Consoante vibrante uvular sonora	'rio'	['Riʊ]
		'carro'	['kaRu]
[l]	Consoante lateral alveolar sonora	'lata'	['latɐ]
[ɫ]	Consoante lateral velarizada sonora	'mal'	['maɫ]
[ʎ]	Consoante lateral palatal sonora	'palha'	['paʎɐ]

Os símbolos usados até aqui se baseiam naqueles propostos pela Associação Internacional de Fonética. No entanto, alguns outros símbolos são usados na literatura da área; assim, no Quadro 9, a seguir, esses outros símbolos são colocados em correspondência com os símbolos do IPA.

> A variante velarizada pode ser encontrada em final de sílaba ('mal' ['maɫ]) em algumas regiões do Brasil, como em Porto Alegre, por exemplo.

Quadro 9: Outros símbolos fonéticos encontrados na literatura da área.

Símbolo IPA	Símbolo correspondente
ʃ	š ou s'
ʒ	ž ou z'
tʃ	č ou tš
dʒ	ǰ ou dž
ɲ	ñ
ɾ	ř ou r
r	R̄ ou R

5.4. Propriedades articulatórias secundárias

Além das características articulatórias apresentadas anteriormente, podemos ainda classificar as consoantes por propriedades articulatórias secundárias, tais como labialização, palatização, velarização e dentalização. Essas propriedades são dependentes de contexto, pois são o resultado da influência de propriedades articulatórias de segmentos vizinhos. Para indicarmos tais propriedades, usamos diacríticos. A seguir, definimos essas propriedades secundárias com exemplos do uso de diacríticos, fazendo, nesse caso, uma transcrição restrita (detalhada) (veja na seção "Transcrição fonética", a seguir, a diferença entre transcrição ampla e restrita).

➔ Labialização: arredondamento dos lábios na realização de uma consoante. Normalmente, a consoante que exibe essa propriedade é adjacente a uma vogal que é produzida com o arredondamento dos lábios, seja essa vogal oral ([ɔ], [o], [u]) ou nasal ([õ], [ũ]). O diacrítico utilizado para representar tal propriedade é [ʷ]. Assim, palavras como 'bolo' e 'surra' podem ser transcritas

81

como segue: [ˈbʷolʷʊ], [ˈsʷuxɐ] 🎧, porque as consoantes [b], [l],[s] modificam sua articulação original por causa do segmento arredondado que as segue.

➔ Palatização: levantamento da língua em direção ao palato duro. Esse fenômeno acontece geralmente quando as consoantes são seguidas por segmentos vocálicos altos anteriores. O diacrítico empregado para descrever tal fenômeno é [ʲ]. Dessa maneira, palavras como 'quita' e 'guia' são transcritas como [ˈkʲitɐ] e [ˈgʲiɐ], respectivamente. Nesse caso, as consoantes [k] e [g] apresentam um lugar de articulação mais anterior do que apresentariam se fossem produzidas diante de vogais posteriores como em 'cura' [ˈkuɾɐ] e 'gula' [ˈgulɐ].

➔ Velarização: levantamento da parte posterior da língua em direção ao véu do palato, simultaneamente à articulação de um segmento consonantal. Em alguns dialetos do sul do Brasil e de Portugal, a consoante lateral [l] se velariza em posição final de sílaba, como em 'mal' e 'balde'. Para a representação dessa propriedade, empregamos o símbolo [ɫ]. Assim, a depender de sua pronúncia, as palavras 'mal' e 'balde' são transcritas como: [ˈmaɫ], [ˈbaɫdɪ], respectivamente.

➔ Dentalização: articulação de algumas consoantes do PB como dentais ou como alveolares. Essas realizações são consideradas variantes dialetais. Duas dessas consoantes que variam em seu ponto de articulação conforme o dialeto são o [t] e o [d]. Para marcar a dentalização (por exemplo, no dialeto paulista), é utilizado o diacrítico: [̪]. Assim palavras como 'tapa' e 'duro' podem ser transcritas, para esse dialeto, como 'tapa' [ˈt̪apɐ] e 'duro' [ˈd̪uɾu], respectivamente.

6. TRANSCRIÇÃO FONÉTICA

Nesta altura, você já conhece como são articulados os segmentos vocálicos e consonantais do PB, ambientou-se tanto à classificação articulatória desses segmentos quanto aos símbolos que os representam, e já é então capaz de realizar transcrições fonéticas. Mas o que vem a ser isso? Isso quer dizer que você pode representar (através dos símbolos de um alfabeto fonético) os sons emitidos por um falante do PB quando ele produz sua fala. Como vimos, a transcrição fonética é feita entre colchetes – [ ] – e existem duas maneiras de se fazer transcrições fonéticas: a ampla e a restrita.

Na transcrição restrita (detalhada), todos os detalhes fonéticos, mesmo aqueles que podem ser previsíveis pelo con-

> As definições de transcrição restrita e ampla seguem as definições encontradas em Cristófaro-Silva (2011).

texto, incluindo propriedades secundárias, são considerados, e na transcrição ampla (aproximada) são explicitados apenas os aspectos mais gerais dos segmentos. Isso é feito uma vez que certas propriedades secundárias detectadas em determinados segmentos (labialização, por exemplo) são previsíveis pelo ambiente em que o segmento a ser transcrito se encontra. Como exemplo, a transcrição da palavra 'quilo' como [ˈkʲilʷʊ] representa uma transcrição restrita e, como [ˈkilʊ], uma transcrição ampla (a labialização de [l] é previsível pois se dá sempre que tal segmento é seguido por uma vogal arredondada, como [u]). Na primeira transcrição, considerou-se a palatalização da consoante velar (que diante de vogais altas anteriores acaba sendo produzida com a língua fazendo a oclusão em um ponto mais anterior do que o ponto velar) e, na produção da lateral diante de vogais arredondadas, considerou-se o movimento de projeção dos lábios que ocorre para vogais arredondadas como [ʊ]. Na segunda transcrição, nada disso foi levado em conta.

Quanto mais fiel ao que foi pronunciado você queira tornar a sua transcrição, mais diacríticos e sinais que descrevem os detalhes do que foi realizado você terá de usar. Os diacríticos mais comuns utilizados no português brasileiro são apresentados no Quadro 10.

Quadro 10: Diacríticos empregados para o português brasileiro.

Diacríticos de silabicidade			
ɪ̯ ʊ̯	não silábicas ou assilábicas		
Diacríticos de distensão consonantal			
tʰ dʰ	aspirada		
Diacríticos de fonação			
n̥ d̥	ensurdecida	s̬ t̬	sonora
b̤ a̤	voz murmurada	b̰ a̰	voz laringalizada
Diacríticos de articulação			
t̪ d̪	dental		
e̝ ɹ̝	elevada		
e̞ o̞	abaixada		

Diacríticos de coarticulação			
ɔ̹	mais arredondada	ɔ̜	menos arredondada
tʷ dʷ	labializada	tʲ dʲ	palatalizada
ɫ	velarizada		
e̝ o̝	base da língua avançada	e̠ o̠	base da língua retraída
ẽ	nasalizada	ɚ ɝ	rotacizada

Você já é capaz de deduzir o uso de alguns diacríticos, não é mesmo? Por exemplo, sabe que sons que têm ponto de articulação nos alvéolos, como [t] e [d], podem ser realizados um pouco mais a frente, com a língua tocando os dentes superiores. Nesse caso, marcaremos esses sons com o diacrítico [̪]. Sabe também que um som surdo é realizado sem vibração das pregas vocais e um som sonoro com vibração das pregas. Mas, se, por ventura, um som [b] ou [d], que deveriam ser sonoros, fossem produzidos com pouco ou nenhum vozeamento, poderíamos dizer que foram ensurdecidos e usaríamos então o diacrítico [̥] para marcar essa característica. Mas, se um [p] ou um [t], que deveriam ser surdos, são pronunciados com vibração de pregas, ou seja, com algum grau de sonoridade, usaremos o diacrítico [̬]. Lembrem que o Quadro 10 auxilia em uma transcrição restrita, na qual seja necessário o uso de diacríticos.

Algumas vezes, esses detalhes que queremos descrever não estão no fone, mas em algum aspecto da cadeia da fala. Na pronúncia da palavra 'cafezinho', sabemos que a sílaba acentuada é 'zi', mas essa palavra mantém a marca do acento de seu radical 'café', necessitando, dessa forma, em sua transcrição, de uma marca de acento secundário, [ˌ], como em [kaˌfɛˈzĩ ɲʊ]. Essas modulações recorrentes na fala estão no nível do suprassegmento, pois transcendem os limites do fone. Os suprassegmentos referem-se a características relacionadas à tonicidade da sílaba, a aspectos temporais e ao tom; todas são marcas prosódicas. Vejam alguns exemplos no Quadro 11, apresentado a seguir.

Quadro 11: Exemplos de marcas prosódicas.

'	acento principal
ˌ	acento secundário
:	longa
·	semilonga
˘	extrabreve
.	separação de sílabas

Vamos exercitar a transcrição fonética? Leia o texto adaptado do site manezinhodailha.com.br e divirta-se!

O "causo" do boi morto na enchente

Num certo dia no interior da ilha, após uma chuvarada forte, dois gaúchos e um manezinho se encontraram na estrada. O manezinho era conhecido como grande mentiroso. Naquela altura dos acontecimentos, o gaúcho perguntou:

1) [osew'zɛ//kõtʃɪpranɔ'zumadʒɪ'suɐz mẽtʃiɾɐsfa'mɔzɐs]
   O manezinho então respondeu:
2) [mɪdiʃkułpɪpesu'alɪ//maʃtokũprɛsa'gɔɾɐ]
   Perguntou um dos gaúchos:
3) [maz'ba poɾ'ke]
   O manezinho então respondeu:
4) [ɛki 'bẽjagɔ'ɾĩjɐ 'vo dɪka'xeɾɐ ti'raũboj 'moxtʊ ladɐ'sexkɐ//
   mazupi'ɔx tunẽj'sabɪʃ//nũ'seiʊkɪvofa'zekʊ'biʃʊ]
   O gaúcho no ato respondeu
5) [mazĩ'tẽw ew 'kɛɾʊ'boj//prɐ'nẽw istra'ga vokaɾne'a ʊ 'boj ifa'zeũ
   'bajtɐʃu'rasko]
   Então o Seu Zé pensou um pouco e respondeu:
6) [ĩ tẽw'ta xa'pazɪ//'paseláĩ'kazɐ majzatay'dĩjɐ prape'ga 'kaɣnɪ]
   Dito e feito, lá pelas cinco da tarde, os gaúchos foram até a casa do Seu Zé. Chegando lá, depois de tomarem um traguinho, o gaúcho perguntou sobre a carne do tal boi. Aí o Seu Zé emendou:
7) [maʒvo'sejʒnũpi'diɾu pra'nĩkõ'ta umɐnĩti'riɲɐ]

Leituras sugeridas

CRISTÓFARO-SILVA, Thaïs. *Fonética e fonologia do português*: Roteiro de Estudos e Guia de Exercícios. 6. ed. São Paulo: Contexto, 2002.
Este texto trata da Fonética e da Fonologia. Sua primeira parte é dedicada à Fonética, em que são apresentados exercícios que levam os leitores a descobrirem as questões tratadas pela autora de maneira muito particular e criativa. São exibidos exemplos de variantes do PB de várias regiões e é possibilitada a audição dos exemplos tratados no texto.
CALLOU, Dinah; LEITE, Yonne. *Iniciação à fonética e à fonologia*. 5. ed. Rio de Janeiro: Jorge Zahar, 1990.
Este texto discute a Fonética e a Fonologia a partir de seus objetos de estudo, tratando do aparelho fonador humano e dos mecanismos de produção de fala, assim como os traços distintivos, fonemas e variantes, e os processos fonológicos. Seu foco é o português do Brasil. Assim apresenta os fonemas do PB, tratando de questões controversas como o *status* das vogais nasais.
MATEUS, Maria Helena Mira et al. *Fonética, fonologia e morfologia do português*. Lisboa: Universidade Aberta, 1990.
Neste texto, são encontradas noções básicas sobre a fonética, a fonologia e a prosódia do português europeu. O texto tem uma linguagem dialógica e acessível ao público que inicia seus estudos na área. Além do conteúdo propriamente dito, o leitor encontra, ao final de cada capítulo, exercícios que auxiliam na consolidação da aprendizagem de cada matéria. O capítulo "A Fonética, a Fonologia e o ensino" traz informações concernentes aos aspectos fisiológicos e aerodinâmicos dos sons e de fala.

Exercícios

1. Responda às perguntas abaixo.

   a) O que determina a divisão do aparelho fonador nas regiões supraglótica e subglótica?

   b) Quais são os órgãos passivos e por que são assim denominados?

   c) O que significa dizer que nós emitimos os sons com fluxo de ar egressivo?

   d) O que quer dizer "fonação"?

   e) Explique a diferença articulatória entre sons sonoros e surdos.

2. Classifique as vogais presentes na lista abaixo. Siga o exemplo:

[e]	vogal oral média-alta anterior não arredondada
[ɛ]	
[a]	

[ũ]	
[i]	
[ẽ]	

3. Identifique, nas palavras abaixo, os ditongos e classifique-os como crescentes ou decrescentes.

meiga: ditongo oral decrescente [ej]
hortênsia:
meia:
sério:
ideia:
cai:
outubro:
cão:
anões:
contíguo:

4. Transcreva foneticamente as palavras abaixo e identifique os ditongos, tritongos e hiatos.

mais:
linguagem:
hierarquia:
ainda:
variável:
início:
princípio:
discrepância:
ilusão:
saí:
Paraguai:

5. Transcreva foneticamente o trecho abaixo, baseando-se no seu próprio dialeto. Depois, identifique os encontros vocálicos e explique o que acontece com os ditongos.

Como podemos observar, alguns métodos, textos e livros têm boas

87

ideias para estimular a consciência fonêmica e facilitar o processo de alfabetização. Com um pouco de criatividade, é possível tornar o aprendizado significativo.

6. Aponte os órgãos ativos e passivos (véu do palato abaixado ou levantado, pregas vocais vibrando ou não) usados na articulação dos sons a seguir:

[ʃ]
[f]
[ɾ]
[t]
[m]

7. Classifique os segmentos fonéticos através das duas figuras a seguir. Justifique a sua resposta a partir dos mecanismos de articulação dos sons.

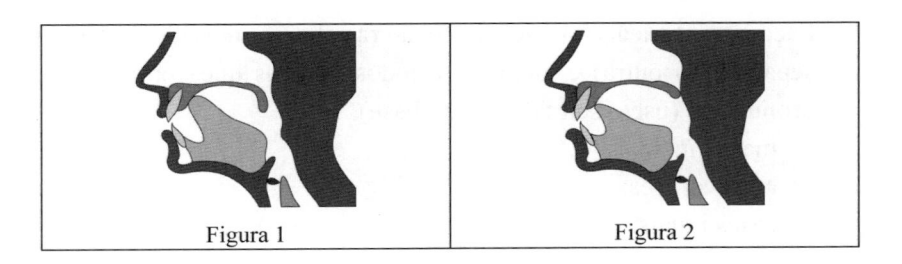

Figura 1		Figura 2	

8. Considerando a forma como você produz os sons das palavras a seguir, selecione aquelas que contêm o som indicado. Transcreva as palavras selecionadas, conforme a sua pronúncia. Siga o exemplo.

consoante oclusiva	ca̲neca̲ [kaˈnɛkɐ]	saci	po̲ço [ˈposʊ]	nasal
consoante surda	casa	maneca	sonho	tapete
consoante alveolar	topete	televisivo	hora	telhado
consoante lateral	sólido	achado	ralhar	asma
vogal baixa	ele	sapo	cebola	semente
consoante nasal	metido	palito	ascenção	gema
vogal posterior	amar	corar	pulo	asa
vogal nasal	temente	quinta	conta	abra
consoante tepe	roda	enredo	caro	podre
vogal oral	ontem	estava	onça	pintam
consoante fricativa	cava	gerado	plotar	fígado

Exemplo: Consoante oclusiva – ca̲neca̲ [kaˈnɛkɐ] e po̲ço [ˈposʊ].

9. Faça a transcrição fonética das palavras abaixo individualmente (uma separada da outra) e identifique todos os sons que constam de suas pronúncias (use o seu falar como base).
- mar agitado:
- aves vorazes:
- casas iguais:

10. Agora, transcreva a pronúncia das palavras do Exercício 9, considerando as palavras produzidas em sequência. Você observou que, em função das sequências de sons presentes nas elocuções, há uma modificação dos sons produzidos. Responda:
- Que sons (fones) foram modificados?
- Por que isso aconteceu?

11. No exercício anterior, você percebeu que certos sons se modificam conforme o ambiente em que se encontram. Faça a transcrição fonética do parágrafo a seguir e indique os ambientes em que houve alteração do som em função da sequência sonora envolvida. Novamente use o seu dialeto como referência.

> *Pesquisas têm demonstrado que a consciência fonêmica está estreitamente relacionada ao sucesso da aprendizagem da leitura e da escrita alfabética [...].*

FONOLOGIA

Objetivo geral do capítulo:

➲ apresentar os principais estudos e fenômenos da Fonologia.

Objetivos de cada seção:

➲ 1: abordar os pressupostos estruturalista e gerativista no âmbito da Fonologia.
➲ 2: apresentar os conceitos de fonema, alofone e arquifonema.
➲ 3: descrever o sistema consonantal do português brasileiro.
➲ 4: descrever o sistema vocálico do português brasileiro.
➲ 5: demonstrar como se faz e o que representa a transcrição fonológica.
➲ 6: estudar a estrutura silábica do português brasileiro.
➲ 7: analisar o acento no português brasileiro.
➲ 8: abordar fenômenos da Fonologia a partir dos pressupostos da Fonologia Gerativa.

Neste capítulo, nosso foco incidirá sobre os sons que têm a função de distinguir significado. Vamos tratar da Fonologia sob dois olhares, o do estruturalismo e o do gerativismo. Para fazer isso, discutiremos também os conceitos de fonema, alofone e arquifonema.

Apresentaremos a metodologia para o levantamento dos sons que têm função distintiva em uma língua particular – no nosso caso, o PB – a partir de pares mínimos e análogos, que serão também aqui definidos. Sob uma visão estruturalista e gerativista, trataremos dos padrões silábicos do português brasileiro, discutindo o *status* fonológico das semivogais na constituição das sílabas, e também a "pauta acentual" do português do Brasil. Mostraremos ainda como fazer transcrições fonológicas.

Ao final deste capítulo, faremos uma reflexão com base na Fonologia Gerativa, apresentando os traços, os processos e as regras fonológicas relativas ao português do Brasil.

1. SOBRE FONOLOGIA

Uma das maneiras mais interessantes de se abordar a **Fonologia** é começar com a seguinte indagação: como é que conseguimos nos entender diante da enorme variedade de sons de fala que produzimos através do nosso aparelho vocal? A resposta é que isso acontece porque, mesmo sem nos darmos conta, existe um contrato (acordo) estabelecido entre os falantes de uma mesma comunidade linguística e é ele que controla a variação de nossa fala. Esse acordo é, em larga medida, o que costumamos chamar de "língua", e a Fonologia certamente faz parte desse acordo. Uma outra pergunta que a Fonologia tenta responder é a seguinte: como é que conciliamos a necessidade de unidades separadas (discretas, segmentadas) para uma descrição fonológica quando percebemos que a fala é um contínuo com sons que se juntam, se modificam, se hibridizam? Na verdade, a segmentação do contínuo da fala (ou seja, analisar discretamente as unidades da fala) é um artifício usado para podermos estudar a língua cientificamente. Vamos ver na sequência como foram encaminhadas essas questões.

É somente no início do século XX que se desenvolve uma disciplina da Linguística que, diferentemente da Fonética, passa a se interessar pela **função linguística** dos sons da fala. A partir daí, são estabelecidos os sons de fala pertinentes à descrição linguística, justamente porque servem para fazer distinções de sentido. Como exemplo, podemos dizer que no PB temos duas consoantes distintas em /ʃ/ e /ʒ/, não porque elas simplesmente se diferenciam pelo vozeamento, mas sim porque são elas (e apenas elas) que diferenciam o sentido das palavras 'chato' [ˈʃatʊ] e 'jato' [ˈʒatʊ] ou de 'acha' [ˈaʃɐ] e 'haja' [ˈaʒɐ]. Da mesma forma, temos duas consoantes distintas em /p/ e /b/, porque diferenciam o sentido das palavras 'pata' [ˈpatɐ] e 'bata' ['batɐ]. No entanto, não levamos em conta, para o estabelecimento de sentido, variações qualitativamente semelhantes, como o que vemos nas possibilidades de produção da palavra 'paz' que pode ser pronunciada como: ['pas], ['paʃ], ['paz], ['paʒ], conforme o dialeto e/ou o ambiente em que essa palavra ocorre. Saber por que algumas diferenças sonoras às vezes diferenciam palavras e às vezes se anulam é uma das principais linhas de investigação da Fonologia.

Os estudos fonéticos são muito mais antigos do que os fonológicos, e é certo que a Fonologia prescinde de análises fonéticas. Como qualquer empreitada científica, à medida que o olhar sobre o objeto da Fonologia muda, mudam também as teorias acerca desse objeto, e, ao longo de sua história, encontramos escolas de pensamento fonológico como, por exemplo, a escola estruturalista e a gerativista. Continuam surgindo novas fonologias baseadas em novas teorias ou em reformulação de teorias já conhecidas, propondo diferentes primitivos de análise (as menores unidades de análise da língua). Cada teoria propõe uma forma de representar esse nosso contrato linguístico (implícito), e o papel das diversas teorias fonológicas é tentar propor modelos capazes de descrever os sons das línguas interpretados com base em seus valores (funções) dentro de um sistema linguístico.

A Fonologia é então uma **interpretação**, restrita a uma língua específica e aos modelos teóricos que a descrevem, daquilo que a Fonética apresenta. Um modelo pode ser definido como uma representação teórica de um evento físico, através de uma metalinguagem. A metalinguagem por excelência para definição de modelos é a matemática, e é por um tipo de linguagem simbólica semelhante que serão apresentadas aqui algumas dessas teorias fonológicas.

Em resumo, na tentativa de modelar a língua, foram construídas diversas teorias; cada uma delas tem uma forma particular de entender a linguagem humana. Sendo assim, essas teorias comportam visões diferentes e podem ter limitações que outras não tenham. Isso quer dizer que essas diferentes teorias fonológicas esclarecem alguns aspectos, mas não outros. Por essa razão, cada nova teoria tem necessidade de reinterpretar os dados (mesmo os antigos) a partir de sua própria ótica. Em função dessas diferentes visões para a interpretação dos sistemas de sons, há uma variedade de termos para denominá-las, pois é preciso pensar a língua, em cada caso, a partir de um quadro referencial diferente. Podemos dizer, no entanto, que foi a independência entre o estudo do sistema linguístico abstrato (a língua) e a sua realização concreta (a fala), estabelecida por Ferdinand de Saussure (1857-1913), e, por consequência, a separação entre os estudos dos sons – reservados à Fonética –, e o estudo do sistema linguístico – reservado à Fonologia –, que possibilitou um grande desenvolvimento tanto da Fonética quanto da Fonologia.

Nossa discussão sobre Fonologia se fixará em dois modelos teóricos: o estruturalista e o gerativista. Dessa maneira, nas próximas seções, conheceremos um pouco de cada um desses dois modelos para a interpretação da Fonologia das línguas naturais.

1.1. Uma visão estruturalista

As correntes estruturalistas, para as quais o componente sonoro prevalecia sobre os demais (morfológico ou sintático), têm por base as contribuições de Ferdinand de Saussure, publicadas na obra *Curso de linguística geral*, em 1916 (Saussure, 2002).

O *Curso de linguística geral* foi publicado postumamente por Charles Bally e Albert Sechehaye, com a colaboração de A. Riedlinger, com base em três cursos de Linguística Geral, ministrados por Saussure de 1907 a 1911, na Universidade de Genebra, na Suíça. Essa obra foi escrita a partir das anotações de estudantes que participaram dos cursos ministrados por Saussure. Por essa razão, a obra é alvo de críticas, pois essas anotações não necessariamente correspondem perfeitamente às ideias de Saussure.

Para Saussure, o estudo da linguagem abrange dois componentes: um que é social, existe na coletividade, é independe do indivíduo e é psíquico – a língua – e outro que é individual e psicofísico – a fala.

Retomando: **língua** designa um sistema linguístico considerando todos os seus padrões de formação que são subjacentes aos enunciados dessa língua, e a **fala** trata de enunciados reais, que certamente irão se diferenciar de falante a falante, de situação a situação. Em poucas palavras, podemos dizer que a Fonética tem como foco a fala e a Fonologia, a língua, separando, assim, essas duas ciências, por conta de seus diferentes focos de estudo.

Saussure considera a língua um sistema de signos linguísticos que são entidades psíquicas de duas faces: um conceito e uma imagem acústica. Foi essa ideia de sistema, de estrutura, que deu base ao estruturalismo linguístico.

É importante esclarecer o que vem a ser imagem acústica e evitar ambiguidades. Esse termo se relaciona à impressão psíquica do som e não efetivamente ao som material. Para Saussure, os signos linguísticos que constituem a língua são formados pelo significante e pelo significado. Significado é o conceito ou a representação mental que o significante evoca no falante. Significante é a imagem acústica ou representação sonora – de natureza psicofísica – de um signo. Saussure nos lembra que podemos falar com nós mesmos sem emitir som (em pensamento, por assim dizer). E, em pensamento, conseguimos evocar um signo linguístico, mas certamente não percebemos o seu som material (físico). Conceito e imagem acústica, significante e significado, são algumas das dicotomias propostas por Saussure, ou seja, são dois elementos intimamente relacionados, como as duas faces de uma moeda.

A concepção de que a Fonologia deveria ser uma ciência separada da Fonética foi também usada por um grupo de cientistas europeus, conhecidos como participantes do Círculo Linguístico de Praga ou Escola de Praga (a partir principalmente de 1926); dentre eles destacam-se Nikolaj S. Trubetzkoy e Roman Jakobson. Os foneticistas anteriores ao Círculo Linguístico de Praga descreviam os sons da língua fundamentados na Física e na Fisiologia, apresentando tal ciência como paralela à Linguística. Trubetzkoy e seus colegas, através da nova Fonologia, mostram os sons da língua como elementos constitutivos das palavras e com funções gramaticais bastante claras, separando assim a Fonologia da Fonética (que estudaria os sons a partir da Física Acústica e da Fisiologia Articulatória), levando paulatinamente à constituição da Fonologia nos moldes como a conhecemos hoje. É nesse contexto que surge o interesse pelo estudo do **fonema**, definido como uma unidade que não pode ser analisada em unidades fonológicas ainda menores. Para essa Fonologia, o fonema seria a menor unidade de análise da língua (o primitivo de análise).

Trubetzkoy e outros do Círculo Linguístico de Praga dedicaram-se à classificação dos sons da fala em termos de oposições fonológicas. Para isso, estabeleceram uma nomenclatura comparando cada unidade às demais presentes no sistema linguístico, baseando-se em um quadro de oposições. Jakobson procura orientar a classificação das unidades sonoras da língua pela combinação de uma descrição que leve em conta a função dos sons significativos com uma especificação fonética precisa (Istre, 1983). Roman Jakobson, Gunnar Fant e Morris Halle, na obra *Preliminaires to Speech Analysis* (1952), começam a tratar oposições fonológicas a partir de traços que opõem os segmentos e que são descritos com base em propriedades acústico-perceptuais. Com isso, os fonemas não são mais vistos como as menores unidades de análise linguística, e o primitivo de análise passa a ser então os traços fonéticos.

Ao mesmo tempo em que o Círculo Linguístico de Praga (na Europa) desenvolvia seus estudos, nos Estados Unidos surgia uma teoria paralela, cujos principais proponentes eram Edward Sapir e Leonard Bloomfield. A Fonêmica, designação reservada para os trabalhos de estruturalistas norte-americanos, não tinha inicialmente interesse de se mostrar autônoma em relação aos europeus. No entanto, hoje em dia, alguns estudiosos preferem usar a denominação Fonologia quando tratam da descrição "sônico-gramatical de uma determinada língua" (Câmara Jr., 1977: 16), e deixar o termo "Fonêmica" para ser usado quando se trata de uma teoria geral fonêmica ou para o levantamento dos fonemas de uma língua. Assim, a Fonêmica prescinde de uma análise cuidadosa dos dados, transcritos foneticamente, levando em consideração seus contextos, ou seja, sua distribuição. No modelo estruturalista, parte-se sempre do particular para o geral, do fato para o sistema, ou ainda, da realidade fonética para a interpretação fonológica. A Fonêmica Estruturalista constitui-se então em uma das teorias, dentre outras tantas, sobre a organização dos sons da fala em um sistema.

Vejamos agora algumas das características da Fonologia Gerativa.

1.2. Uma visão gerativista

A Fonologia Gerativa, diferentemente da Estruturalista, propõe que cada fonema da língua é composto por um conjunto de traços. Além disso, a Fonologia Gerativa passa a descrever e a explicar os dados linguísticos, não se

> No estruturalismo, o componente sonoro da língua tinha primazia sobre os demais. Na teoria gerativista, o componente sintático é o foco da análise linguística e o componente sonoro (a fonologia) passa a ser uma das partes do módulo gramatical.

limitando a apenas descrevê-los como acontecia com o estruturalismo. Seu nome mais relevante é Noam Chomsky, que apresenta uma nova dicotomia, baseada na oposição entre o conhecimento que uma pessoa tem das regras de sua língua (a **competência**) e o uso efetivo dessa língua (o **desempenho**). A Linguística se ocuparia então da competência dos falantes, e não de seu desempenho, fazendo justamente uma crítica às teorias anteriores que lançavam mão exaustivamente de amostras de fala, algo que é do desempenho e não da competência. Segundo os gerativistas, essas amostras não seriam adequadas para a elaboração de uma teoria sobre a língua, pois representariam uma parte muito pequena das possibilidades de uso da língua em análise. O conceito de competência é então empregado para explicar como os falantes conseguem criar e reconhecer enunciados que nunca falaram ou ouviram. A contribuição de Chomsky aparece também nas técnicas elaboradas para a explicitação dessa competência, pois ele trabalhou na criação de um sistema de regras e símbolos que têm por objetivo oferecer uma representação formal da estrutura fonológica dos enunciados. A Fonologia aqui é entendida como um módulo da gramática e as regras fonológicas geram ou transformam as formas subjacentes (do domínio da competência) em formas de superfície (do domínio do desempenho).

A noção de que fonemas constituem-se em feixes de traços distintivos que opõem as palavras entre si é abarcada pela Fonologia Gerativa, que tenta especificar esses traços a partir da representação das capacida-

> Fonemas não são mais as unidades mínimas, mas são agora decompostos em traços distintivos menores (que veremos mais adiante). Um fonema nessa teoria é, na verdade, o resultado da combinação específica de unidades menores do que ele: os traços distintivos.

des fonéticas gerais do ser humano, sem levar em conta nenhuma língua em especial. A obra *The Sound Pattern of English*, publicada por Noam Chomsky e Morris Halle em 1968, define os traços usados segundo propriedades essencialmente articulatórias. Esses traços, articulados de forma binária (+ ou -), apresentam a vantagem de serem simples e universais.

Assim sendo, são propostas matrizes fonéticas de traços distintivos que serviriam como um dispositivo de tradução das transcrições fonéticas, de modo que uma palavra possa ser representada por uma sequência de traços distintivos. Quando tais traços são usados em uma língua específica para trazer contrastes lexicais ou para definir classes naturais, eles são então chamados de traços fonológicos.

Todos esses modelos estudam a organização da cadeia sonora da fala. Mas o que vem a ser isso? Todos nós, falantes do PB, temos uma intuição de como os sons da nossa fala se organizam, e essa intuição é geralmente colocada em uso de maneira mais explícita, por exemplo, quando empregamos uma palavra estrangeira em nosso dia a dia sem conhecimento explícito dessa língua estrangeira. Vejamos a palavra '*skate*', que vem do inglês e que apresenta uma estrutura sonora que não é própria do PB, formada pelo encontro consonantal [sk] e por uma sílaba terminada em [t]. Como a pronunciamos? [iʃˈkejtɪ] ou [isˈkejtʃɪ], não é mesmo? No entanto, a pronúncia em inglês seria [ˈskeɪt]. O que fazemos quando a pronunciamos? Inserimos uma vogal no início da palavra, já que, em PB, não temos em início de palavra a sequência [sk], transformando essa sequência em duas sílabas (is - kej), e colocamos outra vogal no final da palavra, pois não temos palavras em português terminadas por um [t], adicionando assim mais uma sílaba à palavra original ([tɪ] ou [tʃɪ]), e tendo como resultado as pronúncias [is.ˈkej.tɪ] ou [is.ˈkej.tʃɪ] (o '.' serve para assinalar as sílabas). Isso mostra como funciona o nosso conhecimento implícito da organização dos sons de nossa própria língua, e é isso que a Fonologia tenta modelar: a forma como constituímos essa intuição, ou seja, como o sistema de sons de uma dada língua está representado em nossa mente.

A partir daí, resultam os diferentes modelos, as diferentes teorias fonológicas, com denominações diversas, mas tratando dos mesmos aspectos. Por exemplo, enquanto a Fonêmica Estruturalista parte do particular (som) para as generalizações (regras), a Fonologia Gerativa parte das regras para o particular; o que para uma é ponto de partida, para a outra é ponto de chegada. Todas elas, porém, precisam de uma cuidadosa análise fonética. Dizendo de uma outra forma, o método estruturalista se baseava em *corpora* de dados de fala para observar a língua e o resultado dessa observação, alcançado a partir de um método indutivo de base empirista, não ia além do que os dados observados nos *corpora* indicavam. O gerativismo, por sua vez, não nega o empirismo, mas, aliado ao método dedutivo, agrupa e sistematiza a língua na busca da dedução de axiomas, originados de princípios inatos, que podem explicar nossa competência fonológica.

Abordaremos a seguir alguns conceitos que surgiram com os estudos estruturalistas e que constituem parte importante do conhecimento acumulado pela área da Fonologia.

2. CONCEITOS FUNDAMENTAIS

2.1. Os fonemas

A definição de **fonema** necessita da compreensão do que seja uma unidade distintiva. Vejamos os exemplos (1) a (6) a seguir.

As garotas vendiam gatos.	(1)
As garotas// vendiam gatos.	(2)
As garotas// vendiam// gatos.	(3)
As// garotas// vendiam// gatos.	(4)
A-s // garot-a-s//vend-ia-m// gat-o-s.	(5)
[ɐʃ gaˈrotɐʃ vẽˈdiɐ̃w ˈgatoʃ]	(6)

A sentença em (1) pode ser dividida nas partes apresentadas em (2), que podem ainda ser subdivididas nas partes apresentadas em (3), (4) e (5). Podemos dar significado a cada uma das divisões feitas em (2), (3), (4) e (5). Em (2) e (3), a sentença foi subdividida em unidades maiores constituídas de palavras que formam unidades sintáticas. Em (4), a sentença foi dividida em função das palavras que a constituem, todas pertencentes ao léxico do PB. Em (5), "A-s // garot-a-s// vend-ia-m// gato-s", vemos que a subdivisão realizada mostra a estrutura de morfemas dessa sentença. Para a descrição mórfica, o morfema é a unidade mínima e abstrata de sentido. Assim, para as formas nominais, -*s*, presente em 'as', 'garotas', 'gatos', é a flexão de número plural; -*a*, no final da palavra 'garota', significa flexão de gênero feminino. Para a forma verbal, a desinência número-pessoal é representada pelo morfema -*m* e percebemos que a ação verbal foi realizada no passado, pois a forma -*ia*- indica a desinência modo-temporal do Pretérito Imperfeito do modo Indicativo em verbos de 2ª conjugação (como 'vender'). Assim, a sentença foi dividida em suas menores unidades sonoras que possuem significado ou, melhor dizendo, em seus morfemas.

Se quisermos dividir a sentença em (5) em outras partes ainda com significado, não será mais possível. Mas, em (6), continuamos subdividindo as palavras, porém agora as unidades mínimas a que chegamos não possuem significado, embora sejam distintivas.

> Discutiremos o conceito de par mínimo mais adiante; por ora, observe, com atenção, que indicamos os sons relevantes para uma dada língua, chamados de fonemas, entre barras oblíquas inclinadas para a direita (/ /) e os fones, como já vínhamos fazendo, entre colchetes ([ ]).

Por exemplo, se tomarmos o verbo 'vendiam' [vẽˈdiẽw] e trocarmos a sua primeira unidade [v] para [p], teremos o verbo 'pendiam' [pẽˈdiẽw], que é uma outra palavra em português e que se distingue de 'vendiam' apenas pela diferença nos seus primeiros sons. O mesmo pode acontecer com 'gatos' [ˈgatʊʃ], que pode ser passado a 'galos' [ˈgalʊʃ], com a troca de sua terceira unidade [t] para [l], significando outro animal. Essas unidades mínimas que distinguem as palavras entre si são denominadas fonemas e passam a ser anotadas entre barras oblíquas. Assim, constatamos que /v/-/p/ e /t/-/l/ são fonemas no PB. Cada par de palavras que se distingue por um único som ([v]endiam-[p]endiam e ga[t]os-ga[l]os) é chamado de par mínimo.

Podemos resumir da seguinte forma: fones que, quando substituídos ou eliminados, mudam o sentido das palavras passam a ser considerados fonemas para uma dada língua. Ou, dito de outra forma, passam a ser contrastivos para uma dada língua. Para assinalarmos os fonemas de uma determinada língua, usamos o teste de comutação, ou seja, o teste de substituição de um som pelo outro, como fizemos antes com 'ga[t]os' e 'ga[l]os', e constatamos ou não a diferença de significado a partir dessa comutação.

Através desse teste, podemos dizer que /t/ e /l/ são fonemas do PB, pois verificamos mudança de significado. Usando um procedimento semelhante, podemos fazer um levantamento de todos os sons de uma língua que têm a função de distinguir palavras (os fonemas).

2.2. Os alofones

Dizemos que dois sons são alofones (variantes) de um determinado fonema quando sua oposição não implica em mudança de significado. Assim, na palavra 'terra', que pode ser pronunciada, a depender do dialeto, como ['tɛxɐ], ['tɛhɐ], e ['tɛɾɐ] 🎧 , vemos diferenças nas produções (pronúncias), conforme atestam as possibilidades de pronúncia dos sons de 'erre' como: [x]-[h]-[r]. No entanto, essa diferença não carrega uma distinção de significado; melhor dizendo, todas essas produções querem dizer sempre a mesma coisa. Nessa situação, tais sons são considerados variantes fonológicas ou alofones de um mesmo fonema, e não fonemas distintos. Em geral, usa-se um desses alofones para representar o fonema. A escolha desse representante é feita em função de sua maior presença na língua (ou seja, qual dos alofones é mais comum) ou, como veremos adiante, na facilidade de explicação de princípios mais naturais, quer articulatórios ou em relação ao equilíbrio de valores fonológicos dentro de sistemas linguísticos.

Relembramos que a representação de fonemas é feita entre barras simples, como, por exemplo, /r/, e as das variantes (alofones) é mostrada entre colchetes, como, por exemplo, [x]-[h]-[r]. No caso da palavra 'terra', escolhemos o símbolo /r/ para denotar o fonema referente às variantes [x]-[h]-[r] – esse fonema representa o que é conhecido como o r-forte do PB. Sendo assim, devemos considerar os sons observados ([x]-[h]-[r]) como alofones do fonema /r/.

Na próxima seção, vamos observar casos de alofonia em que existem contextos que definem o aparecimento de certas variantes, ou seja, variantes que são determinadas contextualmente.

2.2.1. DISTRIBUIÇÃO COMPLEMENTAR E VARIAÇÃO LIVRE

Considere a pronúncia ['tʃipʊ] para a palavra 'tipo'. Se trocarmos a vogal [i] pela vogal [a], fazendo surgir a palavra 'tapo', sua pronúncia será ['tapʊ], e já não encontraremos mais a variante [tʃ] como uma das possibilidades de pronúncia – teremos apenas [t]. Podemos então concluir que as realizações [tʃ]-[t] são condicionadas contextualmente, pois [tʃ] só aparece diante de [i ɪ j], e [t] vai aparecer diante dos demais contextos vocálicos.

Dizemos então que [tʃ] e [t] estão em **distribuição complementar**, uma vez que, no contexto em que um ocorre, não ocorre o outro e vice-versa. Dizendo de outra maneira, a realização de um deles se dá motivada (ou condicionada) pelo contexto: se temos um [i], haverá motivação

> Vejamos exemplos da presença de [tʃ] diante de [i ɪ j]: 'tigela' [tʃi'ʒɛlɐ]; 'tapete' [ta'petʃɪ]; 'Tiago' [tʃj'agʊ]. Alguns exemplos de [t] em outros contextos: 'tela' ['tɛlɐ]; 'tudo' ['tudʊ]; 'tema' ['temɐ]; 'tara' ['tarɐ]; 'todo' ['todʊ]; 'toca' ['tɔkɐ].

> Atenção, você poderia dizer que temos palavras que se distinguem a partir dos sons [tʃ]-[t], como se verifica em 'teco' ['tɛkʊ] e 'tcheco' ['tʃɛkʊ] ou entre 'tal' ['taw] e 'tchau' ['tʃaw] 🎧, todavia a presença dessas africadas se deve à sua origem estrangeira e, como tal, são simplesmente casos assistemáticos.

para a realização de [tʃ] e não de [t]; diante de qualquer outra vogal, teremos a realização de [t] e não de [tʃ], ou seja, onde temos um não teremos o outro. O mesmo vai ocorrer com a contraparte vozeada [dʒ]-[d].

Podemos representar a distribuição complementar da seguinte forma:

Quadro 1: Distribuição complementar.

/t/ → { [tʃ] / ___ [i ɪ j] [t] / ___ nos demais ambientes (nda)	(7)
/d/ → { [dʒ] / ___ [i ɪ j] [d] / ___ nos demais ambientes (nda)	(8)

> Não se assuste com essa representação, pois ela será retomada na seção sobre as regras e processos fonológicos.

Observe que, em (7) e (8), no Quadro 1, estamos lançando mão de símbolos que ainda não foram apresentados, e que utilizaremos quando formos explicitar regras fonológicas. Esses símbolos já são uma amostra do tipo de linguagem que usamos para auxiliar na representação abstrata dos processos que ocorrem nas línguas. A partir dessa notação, a regra (7) pode ser interpretada da seguinte forma: o fonema /t/ será realizado como [tʃ] diante de [i ɪ j] e como [t] nos demais ambientes fonéticos. Assim, utilizando a regra em (7), podemos prever que a palavra 'time' seria pronunciada como ['tʃimɪ] e 'tome', como ['tomɪ] – nesse caso, (7) faz previsões acertadas sobre o PB. O mesmo vai ocorrer com a contraparte vozeada dessa consoante, como é mostrado em (8): o fonema /d/ será realizado como [dʒ] diante de [i ɪ j], como, por exemplo, na palavra 'dita' ['dʒitɐ], e como [d] nos demais ambientes, por exemplo, na palavra 'data' ['datɐ] 🎧.

Voltando à variação que ocorre na pronúncia da palavra 'terra' ['tɛxɐ], ['tɛhɐ] e ['tɛrɐ], notamos que as variantes [x], [h] e [r] podem se alternar livremente, ou seja, não há nada na estrutura do PB que as motive. Nesse caso, dizemos que essas variantes estão em **variação livre**, ou que são alofones livres. Um outro exemplo pode ser visto na variação que ocorre com a palavra 'perereca'; a pronúncia dessa palavra realizada por um brasileiro da região Sul seria [peɾe'ɾekɐ], mas, se fosse produzida por um alguém do Nordeste, teríamos [pɛɾɛ'ɾɛkɐ]. Aqui também consideramos que essas variantes estão em variação livre.

2.3. Sons foneticamente semelhantes

Para fazer um levantamento dos sons que são fonemas em uma dada língua, é preciso observar quais deles estão em oposição fonológica, ou seja, quando a distinção de significado entre duas produções se dá única e exclusivamente pela diferença entre um som nessas produções (ou sequências sonoras). Normalmente os sons que são foneticamente semelhantes (aqueles que compartilham um maior número de características fonéticas) são mais facilmente encontrados como variantes de um mesmo fonema, e aqueles foneticamente muito diferentes têm alta probabilidade de ocorrerem como fonemas. Por exemplo, sons como [p] e [l] apresentam muitas diferenças. Vejamos: um é oclusivo, o outro é lateral; um é bilabial, o outro é alveolar; um é surdo, o outro é sonoro. Dessa forma, são distintos em modo, ponto e vozeamento. Então, por não possuírem nenhuma similaridade, provavelmente funcionam como fonemas distintos.

Os sons vocálicos que se distinguem também por mais de uma característica fonética provavelmente são fonemas distintos nas línguas naturais. É o caso de [a] e [u], que se distinguem em altura (o primeiro é baixo e o segundo alto), em anterioridade/posterioridade (um é central, o outro é posterior) e em arredondamento dos lábios (o primeiro é não arredondado e o segundo, arredondado).

Os sons que são considerados **foneticamente semelhantes** e que, por essa razão, são vistos como **pares de sons suspeitos** de não constituírem fonemas diferentes podem ser encontrados nos seguintes casos:

1. som vozeado e seu correspondente não vozeado, como pode ser visto em 'cato' e 'gato' (['katʊ] e ['gatʊ]);
2. sons oclusivos e sons fricativos e africados com o mesmo ponto de articulação, como em 'tinto' e 'cinto' (['tʃĩtʊ] e ['sĩtʊ]);
3. sons fricativos com ponto de articulação muito próximo, como em 'faca' e 'saca' (['fakɐ] e ['sakɐ]);
4. as nasais entre si, como em 'lenha' e 'lema' ou entre 'mata' e 'nata' (['leɲɐ],['lemɐ],['matɐ] e ['natɐ]);
5. as laterais entre si, como entre 'pala' e 'palha' (['palɐ], ['paʎɐ]);
6. as vibrantes entre si, como entre 'caro' (vibrante simples) e 'carro' (vibrante múltipla) (['karʊ] e ['karʊ], pronunciada em alguns dialetos);
7. sons laterais, vibrantes e o tepe, conforme se pode ver em 'terra' e 'tela', ou entre 'torra' e 'tora', ou ainda entre 'tala' e 'tara' (['tɛxɐ] e ['tɛlɐ]; ['tɔxɐ] e ['tɔrɐ]; ['talɐ] e ['tarɐ]);
8. sons vocálicos que se diferenciam por uma única propriedade articulatória, como [o] e [ɔ], que se distinguem apenas em altura (o primeiro é médio-alto e o segundo, médio-baixo), como em 'avô' e 'avó' (['avo] e ['avɔ]).

Pode ser estranho para você esse levantamento de sons foneticamente semelhantes para o português, mas imagine que você vai avaliar uma certa quantidade de dados sonoros de uma língua que você não conhece. Por onde você começaria para tentar definir quais são os fonemas nessa língua? Esse levantamento de sons foneticamente semelhantes serve para qualquer língua natural. Assim, quanto mais diferenças são encontradas entre dois pares de sons que constituem palavras nessa língua desconhecida, maior a possibilidade de eles serem fonemas dessa língua, e não alofones. Quanto menos diferenças, maiores possibilidades de serem alofones (variantes).

Agora que já podemos verificar os sons que podem ser vistos como fonemas no PB, vamos tentar levantar pares mínimos para esses sons.

2.4. Pares mínimos

Para estabelecermos, em uma língua particular, quais são seus fonemas e seus alofones, recorremos aos **pares mínimos**: duas sequências fônicas que se distinguem apenas por um som, como em 'pato' (['patʊ]) e 'bato' (['batʊ]). Nesses vocábulos, distintos em PB, a distinção é percebida pela diferença do vozeamento ou sonoridade, pois [p] é surdo e [b] é sonoro. Quando duas sequências fônicas que se distinguem apenas por um som tiverem significados diferentes em uma determinada língua, os dois sons que as distinguem são considerados fonemas dessa língua. Dessa forma, como, em 'pato' e 'bato', a diferença se dá por [p] e [b], esses dois sons referem-se aos fonemas /p/ e /b/ do PB. Quando a troca de um som pelo outro não gerar mudança de significado, então os dois sons são alofones de um único fonema. Por exemplo, em [ˈtɛxɐ], [ˈtɛhɐ] e [ˈtɛɾɐ] ('terra'), estamos diante de pronúncias que têm o mesmo significado, remetendo à mesma palavra no PB. Dessa forma, [x], [h] e [r] não constituem fonemas no PB, mas são variantes (alofones) do chamado "r-forte", representado aqui pelo fonema /r/. Em outras palavras, o fonema /r/ pode ser realizado como [x], [h] e [r]; como se trata de um mesmo fonema, suas variações (alofones) não acarretaram mudança de significado.

Observemos de forma mais clara os pares mínimos, os ambientes comuns e os sons que se diferenciam a partir de alguns dos exemplos anteriormente apresentados através do Quadro 2.

Quadro 2: Observação de pares mínimos, ambiente comum e sons diferentes.

Pares mínimos	'pato'[ˈpatʊ] 'bato'[ˈbatʊ]	'pala'[ˈpalɐ] 'palha'[ˈpaʎɐ]	'acha'[ˈaʃɐ] 'assa'[ˈasɐ]	'lenha'[ˈlẽɲɐ] 'lema'[ˈlẽmɐ]
Ambiente comum	___ atʊ	pa ___ ɐ	a ___ ɐ	lẽ ___ ɐ
Sons diferentes	p b	l ʎ	ʃ s	ɲ m

Nos exemplos do Quadro 2, os pares de sons [p] - [b]; [l] - [ʎ]; [ʃ] - [s]; [ɲ] - [m] são foneticamente semelhantes, já que apresentam apenas uma propriedade que os diferencia, mas são vistos como os fonemas /p/, /b/, /l/, /ʎ/, /ʃ/, /s/, /ɲ/, /m/, uma vez que encontramos pares de palavras diferentes cuja distinção se dá unicamente pela substituição de um som por outro em uma mesma posição no vocábulo. Mas quais seriam as propriedades que distinguem esses sons? Vamos analisá-los em conjunto. Primeiramente, [p] e [b] se diferenciam apenas pelo vozeamento, sendo [p] surdo e [b] sonoro, já que os dois têm o mesmo modo (oclusivo) e ponto de articulação (bilabial). Por sua vez, os fones [l] e [ʎ] se diferenciam apenas pelo ponto de articulação: um é alveolar e o outro palatal. No entanto, apresentam o mesmo modo de articulação (lateral) e a mesma sonoridade (vozeado). Algo semelhante acontece com os fones [ʃ] e [s]: o primeiro tem ponto de articulação alveopalatal e o segundo, alveolar, porém o modo de articulação desses dois fonemas é fricativo e os dois são surdos. Para os pares de fones [ɲ] e [m], quanto ao ponto, o primeiro é palatal e o segundo, bilabial; quanto ao modo de articulação, os dois são nasais; e, quanto ao vozeamento, os dois são sonoros.

Mas nem sempre é evidente encontrar pares mínimos que possam atestar que um determinado som é fonema em uma língua. Vejamos a seguir outro procedimento que podemos utilizar para identificar fonemas numa língua quando não é possível encontrar pares mínimos.

2.5. Pares análogos

Quando não é possível encontrar pares mínimos para os pares suspeitos, devemos empregar pares de palavras que exibem ambientes idênticos mesmo que não constituam pares mínimos. Mas é preciso verificar se o que não é semelhante estaria condicionando o aparecimento do som que muda.

Vamos a um exemplo que esclareça esse ponto. Pense nas palavras 'oro' ('eu oro' [ˈɔɾʊ], ação de orar) e 'coro' ('o coro' [ˈkoɾʊ], conjunto de cantores); tais palavras não são consideradas pares mínimos, uma vez que a distinção entre essas palavras se dá por duas diferenças: a presença de uma consoante oclusiva velar surda que inicia uma delas ('coro') e não a outra ('oro'), e a altura da vogal média que, em uma das palavras, é a média-alta [o] e na outra é a média-baixa [ɔ]; no restante, temos um ambiente comum. Nesse caso, esse par de palavras é chamado de **par análogo** (ver Quadro 3).

Quadro 3: Pares análogos.

Palavras	'oro' [ˈɔɾʊ]	'coro' [ˈkoɾʊ]
Som não considerado	-	[k]
Sons foneticamente semelhantes	[ɔ]	[o]
Par análogo	[ˈɔɾʊ]	[ˈkoɾʊ]
Ambiente comum	___ [ɾʊ]	___ [ɾʊ]

Para descobrir se os sons investigados são fonemas ou variantes, é preciso verificar se a presença do som [k] que inicia uma das palavras ('coro') condiciona o aparecimento da vogal fechada. Se esse condicionamento não ocorrer – ou seja, se a mudança de [o] para [ɔ] (ou vice-versa) não for causada pela presença de [k] –, estamos diante de um par análogo e podemos atestar o *status* de [o] e [ɔ] como fonemas no PB. Então a pergunta a ser feita é: sempre que ocorrer um [k] ele será seguido por uma vogal fechada [o] ou pode ser que esse [k] apareça diante de um [ɔ]? Palavras como 'cora' ([ˈkɔɾɐ], de 'corar') e a expressão 'de cor' ([ˈkɔx], ou seja, "de memória") são exemplos da presença de vogais abertas também diante de [k]. Portanto, não é esse som que causa o fechamento da vogal [o]. Perguntamos também se, quando se inicia uma palavra com vogal, essa vogal é sempre aberta como ocorre em [ˈɔɾɐ]? Não é difícil encontrar exemplos que contradigam tal afirmação: os substantivos 'olho' [ˈoʎʊ] e 'osso' [ˈosʊ] que iniciam com uma vogal média-alta posterior. Sendo assim, não encontramos nenhuma pressão da estrutura da língua que condicione um som a ser produzido de uma determinada forma, e podemos concluir portanto que o par [ˈɔrʊ]-[ˈkorʊ] é um par análogo e que as vogais /ɔ/ e /o/ estão em oposição fonológica, constituindo fonemas na língua.

No entanto, nesse levantamento de fonemas, vamos perceber que, muitas vezes, a troca de um som por outro em uma sequência fônica não vai gerar diferença de significado entre essas sequências, e que estaremos assim diante de variantes de um mesmo fonema.

2.6. Arquifonemas

Quando um ou mais fonemas perdem a distinção entre si em um determinado contexto, temos uma neutralização fonêmica. Neutralização significa a perda de contraste fonêmico. Quando isso acontece, usamos um símbolo representativo dessa perda da contrastividade, que é denominado **arquifonema**. A nomenclatura foi utilizada e popularizada por Trubetzkoy e seus companheiros do Círculo Linguístico de Praga. Um arquifonema representa então a perda de contrastividade fonêmica, mais especificamente, representa a neutralização de um ou mais fonemas em um contexto particular.

Em PB, exemplos de neutralização podem ser vistos entre os fonemas /s z ʃ ʒ/ em posição final de sílaba ou palavra, pois nessa posição os sons /s z ʃ ʒ/ perdem sua função distintiva. Por exemplo, em 'gosta' e 'mesmo', temos as seguintes possibilidades de pronúncia: [ˈgɔstɐ]-[ˈgɔʃtɐ] e [ˈmezmʊ]-[ˈmeʒmʊ] 🎧 . Nesses casos, há uma neutralização que é representada pelo arquifonema /S/, pois nas pronúncias [ˈgɔstɐ]-[ˈgɔʃtɐ] e [ˈmezmʊ]-[ˈmeʒmʊ] não há contraste de significado. No entanto, em posição inicial de palavra e entre vogais, esses mesmos fonemas têm a função de distinguir palavras como em: 'assa'-'acha' e 'asa'-'haja'; (cujas pronúncias seriam: [ˈasɐ]-[ˈaʃɐ] e [ˈazɐ][ˈaʒɐ] 🎧 , respectivamente).

Para marcar a perda de contraste que ocorre com os fonemas /s z ʃ ʒ/, em posição final de sílaba, usamos o arquifonema /S/ e, portanto, podemos representar 'gosta' e 'mesmo' usando a notação fonológica /ˈgɔStɐ/ e /ˈmeSmo/.

Há também a perda de contraste entre os fonemas que representam a nasalização na posição pós-vocálica, e, quando isso acontece, usamos o arquifonema /N/, que se realiza como [m] diante de consoante bilabial ('acampa' /aˈkaNpa/, produzida como [aˈkẽᵐpɐ]), como [n] diante de consoante alveolar ('canto' /ˈkaNto/ produzida como [ˈkẽⁿtʊ]), e como um alofone [ŋ] diante de consoantes velares (na palavra 'canga' /ˈkaNga/ produzida como [ˈkẽᵑgɐ]). Sendo /m/ e /n/ fonemas do PB, nos casos exemplificados, temos uma neutralização entre esses fonemas nasais, representada pelo arquifonema /N/.

Precisamos fazer aqui um parênteses para apresentar uma questão que ainda não está definida entre os pesquisadores: a consideração do arquifonema /N/ vai depender da teoria fonológica observada.

Existe uma corrente (Câmara Jr., 1977) que considera que o sistema fonológico do PB possui apenas sete vogais orais e que a vogal nasal seria bifonêmica, ou seja, constituída por um segmento vocálico oral seguido de um segmento consonantal nasal ([m n ŋ]), fonologicamente representado pelo arquifonema /N/. Essa consoante nasal assimila o traço relativo ao ponto articulatório da consoante seguinte, conforme exemplificado anteriormente. Há, porém, uma outra corrente (Head, 1964; Pontes, 1972; Back, 1973) que argumenta que o sistema fonológico do PB comporta sete vogais orais e cinco nasais. Ou seja, haveria palavras que se distinguem apenas pela nasalidade da vogal. Dessa maneira, /ã/ e /a/ seriam fonemas na língua, uma vez que formam pares mínimos nas palavras 'cato' [ˈkatʊ] e 'canto' [ˈkẽtʊ], por exemplo, pois o que as distingue são as vogais /a/ (oral) e /ã/ (nasal). Para tal corrente, não há necessidade do arquifonema /N/, e a palavra 'canto' tem a seguinte transcrição fonológica: /ˈkãto/.

Há, então, duas possibilidades: (i) temos sete vogais orais e um arquifonema nasal, que pode se combinar com algumas vogais para resultar nas vogais nasais, ou (ii) temos sete vogais orais e cinco vogais nasais, e não há, portanto, a necessidade de um arquifonema nasal.

Podemos verificar ainda a perda de contraste entre a vibrante simples /ɾ/ (também chamada de r-fraco) e a vibrante múltipla /r/ (também denominada r-forte) em posição final de sílaba ou de palavra (por exemplo, na palavra 'par', podemos ter as seguintes pronúncias: [ˈpar]-[ˈpaɾ]) 🎧. Nesse caso, essa perda de contraste é representada pelo arquifonema /R/ – e assim podemos usar a notação fonológica /ˈpaR/ para 'par'.

O arquifonema /R/ é usado somente para a posição final de sílaba. Em posição inicial e intervocálica, não há perda de contraste fonêmico, porque nessa posição os fonemas que variam são todos relacionados ao r-forte, como nas palavras 'carro' e 'rato' que podem ser pronunciadas como [ˈkaɾʊ], [ˈkaxʊ], [ˈkahʊ], [ˈkaχʊ]

> Também não é consenso entre os autores de que o rótico (sons de 'r') em final de sílaba seja um caso de neutralização, uma vez que as várias produções fonéticas realizadas por falantes de português não são todas fonemas na língua, como é o caso da variante retroflexa ([ɻ]) e das fricativas (velares [x ɣ], uvulares [χ ʁ] e glotais [h ɦ], por exemplo). Desse modo, se ocorre a produção de sons que não são fonemas, não haveria a condição referida por Trubetzkoy para estarmos diante de um arquifonema – a perda de contraste fonológico. No entanto, outros autores consideram que de fato haja esse arquifonema, uma vez que, se observarmos a interação entre os vários dialetos do PB, perceberemos que, nesse conjunto de dialetos, estaremos sempre diante da necessidade de neutralização entre o r-fraco [ɾ] e as variantes de r-forte [x ɣ χ ʁ h ɦ r] em final de sílaba para as nossas comunicações interdialetais, uma vez que, nessa posição final, são possíveis as variantes [x ɣ χ ʁ h ɦ r ɾ].

e [ˈratʊ], [ˈxatʊ], [ˈhatʊ], [ˈχatʊ], respectivamente. Nesses casos, os sons [x χ h r] são variantes de um mesmo fonema, o r-forte, não havendo contrastes entre fonemas que necessitem de neutralização, é somente um caso de alofonia.

Definidos fonemas, alofones, arquifonemas e apresentada a metodologia de identificação de fonemas na língua (pares mínimos e pares análogos), passaremos aos sistemas consonantal e vocálico que compõem o sistema fonológico do PB.

3. O SISTEMA CONSONANTAL DO PORTUGUÊS BRASILEIRO

Agora que já sabemos como encontrar os fonemas de uma determinada língua, ou seja, como levantamos os sons linguisticamente relevantes que são usados na constituição das palavras e frases de nossa língua – o português brasileiro –, vamos observar então as consoantes que um aprendiz de PB (língua materna ou estrangeira), deve considerar para que produza todos os contrastes dessa língua.

O sistema fonológico consonantal do PB é composto por 19 consoantes. No Quadro 4, apresentamos os fonemas consonantais e pares mínimos que permitem estabelecê-los como fonemas no português brasileiro.

Quadro 4: Sistema consonantal do português brasileiro.

Palavras	Pares mínimos ☮	Fonemas	Transcrição fonológica
pato	['patʊ] - ['batʊ]	/p/	/'pato/
bato		/b/	/'bato/
tato	['tatʊ] - ['datʊ]	/t/	/'tato/
dato		/d/	/'dato/
cato	['katʊ] - ['gatʊ]	/k/	/'kato/
gato		/g/	/'gato/
faca	['fakɐ] - ['vakɐ]	/f/	/'faka/
vaca		/v/	/'vaka/
assa	['asɐ] - ['azɐ]	/s/	/'asa/
asa		/z/	/'aza/
acha	['aʃɐ] - ['aʒɐ]	/ʃ/	/'aʃa/
haja		/ʒ/	/'aʒa/
somo	['sõmʊ] - ['sõnʊ]	/m/	/'somo/
sono		/n/	/'sono/
soma	['sõmɐ] - ['sõɲɐ]	/m/	/'soma/
sonha		/ɲ/	/'soɲa/
caro (r-fraco)	['kaɾʊ] - ['karʊ]	/ɾ/	/'kaɾo/
carro (r-forte)		/r/	/'karo/
pala	['palɐ] - ['paʎɐ]	/l/	/'pala/
palha		/ʎ/	/'paʎa/

Alguns autores preferem apresentar a transcrição fonológica sem a marca da sílaba acentuada por conta da proposta teórica que os orienta, uma vez que a acentuação, nesses casos, é tida como uma regra. No entanto, seguimos outros

111

autores que preferem marcar o acento, haja vista a sua consideração com papel distintivo na língua, que leva a diferenciar palavras como 'sábia', 'sabia' e 'sabiá' (/ˈsabiɐ/ - /saˈbiɐ/ - /sabiˈa/).

Para o símbolo do r-forte, há autores que preferem indicar esse fonema como /ʀ/. Evitamos seu uso aqui e preferimos utilizar o símbolo /r/ que é o representante da consoante vibrante alveolar, para não confundi-lo com o arquifonema /R/ em coda silábica que pode ser considerado para as produções do PB, como já apresentado na seção "Arquifonemas".

Agora passemos à apresentação do sistema vocálico do português brasileiro.

4. O SISTEMA VOCÁLICO DO PORTUGUÊS BRASILEIRO

Da mesma forma que falantes nativos e não nativos que queiram falar português brasileiro devem conhecer as consoantes que integram o seu sistema consonantal, eles devem também conhecer os segmentos vocálicos. No PB, temos sete vogais orais, mas, dependendo da proposta teórica, poderemos ter sete vogais orais e mais cinco nasais. Como já mostrado anteriormente, não há consenso entre os autores sobre a existência ou não de vogais nasais no sistema fonológico do PB. No Quadro 5, mostramos que nossa opção é considerar as vogais nasais como fonemas do PB e, nesse caso, exibimos então 12 fonemas vocálicos (7 orais e 5 nasais). Vejamos o Quadro 5.

Quadro 5: Sistema vocálico do português brasileiro.

Palavras	Pares mínimos ⊕	Fonemas	Transcrição fonológica
bata (substantivo)	[ˈbatɐ] - [ˈbɔtɐ]	/a/	/ˈbata/
bota (substantivo)		/ɔ/	/ˈbɔta/
pelo (substantivo)	[ˈpelʊ] - [ˈpɛlʊ]	/e/	/ˈpelo/
pelo (verbo 'pelar')		/ɛ/	/ˈpɛlo/
bolo (substantivo)	[ˈbolʊ] - [ˈbɔlʊ]	/o/	/ˈbolo/
bolo (verbo 'bolar')		/ɔ/	/ˈbɔlo/
tido	[ˈtidʊ] - [ˈtudʊ]	/i/	/ˈtido/
tudo		/u/	/ˈtudo/
ponte	[ˈpõtɪ] - [ˈpẽtɪ]	/õ/	/ˈpõte/
pente		/ẽ/	/ˈpẽte/
pinte	[ˈpẽtɪ] - [ˈpĩtɪ]	/ĩ/	/ˈpĩte/
bamba	[ˈbẽbɐ] - [ˈbũbɐ]	/ã/	/ˈbãba/
bumba		/ũ/	/ˈbũba/

5. TRANSCRIÇÃO FONOLÓGICA

Quando se fala em transcrição de dados de fala, além da **transcrição fonética** (apresentada no capítulo "Fonética"), temos também a **transcrição fonológica ou fonêmica**, que tem como função mostrar as representações internalizadas pelos falantes. A transcrição fonológica, portanto, não leva em conta as variações alofônicas. Além disso, está muito mais próxima da transcrição ortográfica, uma vez que a ortografia do português é fortemente baseada nas representações fonológicas da língua. Por exemplo, a palavra 'soco' foi transcrita foneticamente como [ˈsokʊ], mas também poderíamos transcrevê-la foneticamente como [ˈsoko], com a pronúncia da vogal final como [o], uma possibilidade em algumas regiões do Brasil. Por outro lado, se fizéssemos a transcrição fonológica dessa palavra, teríamos simplesmente /ˈsoko/, semelhante à forma escrita 'soco'. Nesse caso, foi escolhida a vogal média-alta para representar o fonema, já que é mais conveniente apresentar a alofonia através de uma regra de elevação da vogal átona final de palavra, o que implica a ideia de um processo de enfraquecimento de vogais átonas finais. Se fosse o contrário, se o esco-

113

lhido fosse o fonema /u/, não teríamos como justificar a presença do [o] por uma regra de reforço em vogais átonas finais. Usamos assim o fonema /o/ na última sílaba e não /u/, porque em PB as vogais finais geralmente sofrem um enfraquecimento (ou, em termos técnicos, uma elevação); se tivéssemos optado por usar o fonema /u/, não teríamos como explicar a possibilidade de pronúncia [ˈsoko], pois em PB não é comum um /u/ ser transformado em um [o])

Vejamos agora como seriam transcritas foneticamente as palavras exibidas no Quadro 6, segundo o dialeto florianopolitano, e depois como seriam consideradas na transcrição para o nível fonológico. Relembramos que, no primeiro caso, os segmentos transcritos são denominados fones e, no segundo, fonemas.

Quadro 6: Transcrição fonética e fonológica correspondente.

Palavras	Transcrição fonética 🎧 (dialeto florianopolitano)	Transcrição fonológica
pato	[ˈpatʊ]	/ˈpato/
bato	[ˈbatʊ]	/ˈbato/
dato	[ˈdatʊ]	/ˈdato/
cato	[ˈkatʊ]	/ˈkato/
quadro	[ˈkwadɾʊ]	/ˈkʷadɾo/
querido	[kiˈɾidu]	/keˈɾido/
tranquilo	[trẽˈkwilʊ]	/trãˈkʷilo/ /traNˈkʷilo/
quinta	[ˈkĩtɐ]	/ˈkĩta/ /ˈkiNta/
gota	[ˈgotɐ]	/ˈgota/
guria	[guˈɾiɐ]	/guˈɾia/
guerra	[ˈgɛxɐ]	/ˈgɛra/
guia	[ˈgiɐ]	/ˈgia/
gato	[ˈgatʊ]	/ˈgato/
guarda	[ˈgwaɣdɐ]	/ˈgʷaRda/
fato	[ˈfatʊ]	/ˈfato/
veto	[ˈvɛtʊ]	/ˈvɛto/
soda	[ˈsɔdɐ]	/ˈsɔda/
tostar	[toʃˈtax]	/toSˈtaR/
tosse	[ˈtɔsɪ]	/ˈtɔse/

cebola	[seˈbolɐ]	/seˈbola/
caçar	[kaˈsax]	/kaˈsaR/
disciplina	[disiˈplinɐ]	/disiˈplina/
desça	[ˈdesɐ]	/ˈdesa/
máximo	[ˈmasimu]	/ˈmasimo/
excelência	[eseˈlẽsjɐ]	/eseˈlẽsia/ /eseˈleNsia/
exsudar (sair em forma de suor)	[esuˈdax]	/esuˈdaR/
zebra	[ˈzebrɐ]	/ˈzebra/
exemplo	[eˈzẽplu]	/eˈzẽplo/ /eˈzeNplo/
xadrez	[ʃaˈdreʃ]	/ʃaˈdreS/
chefe	[ˈʃɛfɪ]	/ˈʃɛfe/
enchente	[ẽˈʃẽtɪ]	/ẽˈʃẽte/ /eNˈʃeNte/
cajá	[kaˈʒa]	/kaˈʒa/
girafa	[ʒiˈrafɐ]	/ʒiˈrafa/
sono	[ˈsõnu]	/ˈsono/
gema	[ˈʒẽmɐ]	/ˈʒema/
mata	[ˈmatɐ]	/ˈmata/
nata	[ˈnatɐ]	/ˈnata/
sonho	[ˈsõɲu]	/ˈsoɲo/
lata	[ˈlatɐ]	/ˈlata/
talha	[ˈtaʎɐ]	/ˈtaʎa/
caro	[ˈkaɾu]	/ˈkaɾo/
rota	[ˈxɔtɐ]	/ˈrɔta/
prato	[ˈpɾatu]	/ˈprato/
carta	[ˈkaxtɐ]	/ˈkaRta/
ator	[aˈtox]	/aˈtoR/
honra	[ˈõxɐ]	/ˈõra/ /ˈoNra/
carreta	[kaˈxetɐ]	/kaˈreta/
fita	[ˈfitɐ]	/ˈfita/
preto	[ˈpɾetu]	/ˈpreto/
fitado	[fiˈtadu]	/fiˈtado/
prefere	[preˈfɛrɪ]	/preˈfɛre/
cafezinho	[kafɛˈzĩɲu]	/kafɛˈziɲo/

abacate	[abaˈkatɪ]	/abaˈkate/
batida	[baˈtidɐ]	/baˈtida/
bolacha	[buˈlaʃɐ]	/boˈlaʃa/
disse	[ˈdisɪ]	/ˈdise/
pedra	[ˈpɛdɾɐ]	/ˈpɛdra/
pé	[ˈpɛ]	/ˈpɛ/
aves	[ˈavɪʃ]	/ˈaveS/
táxi	[ˈtaksɪ]	/ˈtaksi/
sábia	[ˈsabjɐ]	/ˈsabia/
sabiá	[sabjˈa]	/sabiˈa/
sabia	[saˈbiɐ]	/saˈbia/
bola	[ˈbɔlɐ]	/ˈbola/
ônibus	[ˈonibuʃ]	/ˈonibuS/
esse (a letra)	[ˈɛsɪ]	/ˈɛse/
usa	[ˈuzɐ]	/ˈuza/

Alguns pontos a relembrar!
- As teorias que tratam da nasalidade das vogais do PB são divergentes: uma diz ser a vogal nasal um fonema do PB (teoria monofonêmica), e a outra considera a vogal nasal como o resultado da composição de dois fonemas: VN (teoria bifonêmica). A proposta bifonêmica tem relações mais estreitas com as regras ortográficas, assim, no Quadro 6, apresentamos as duas transcrições: a primeira relativa à proposta monofonêmica e a segunda à proposta bifonêmica.
- Fizemos a opção de representar o r-forte com o símbolo /r/ para não confundi-lo com o símbolo do arquifonema /R/, apesar de a maioria dos autores usar /ʀ/. Neste livro, a oposição r-fraco/-r forte é representada pelos fonemas /ɾ/ e /r/, respectivamente.
- A consoante velar e a semivogal posterior, seguidas de /a/ e /o/, podem formar uma unidade fonológica: um segmento consonantal com uma articulação secundária ([kʷ], [gʷ]) – sendo vistas como um segmento complexo. As transcrições exibidas no Quadro 6 apresentam esses segmentos como um segmento complexo.

6. ESTRUTURA SILÁBICA DO PORTUGUÊS BRASILEIRO

Apesar de parecer algo fácil, corriqueiro e intuitivamente simples de se definir, o conceito de sílaba é, na verdade, muito complexo, e essa complexidade se revela, dentre outras coisas, na impossibilidade de definir sílaba sem apelarmos para uma teoria específica, ou seja, o que vem a ser sílaba vai depender da teoria com a qual estamos lidando. Seja como for, parece não haver dúvidas de que essa unidade seja comum às línguas naturais. De forma simples, podemos dizer que a sílaba é uma unidade prosódica. Também podemos afirmar que é domínio ou parte constitutiva de regras da Fonologia.

Para a Fonologia de base gerativista, a sílaba é entendida como uma unidade que possui uma estrutura interna. De forma geral, a sílaba se divide em *onset* (ou ataque, ou aclive), núcleo (ou pico) – parte essencial da sílaba – e coda (ou declive). E assim, na palavra 'paz' (/paS/), o *onset* é constituído pelo fonema /p/, o núcleo da sílaba pelo fonema /a/ e a coda pelo /S/.

Mas, como é que sabemos, por exemplo, que na palavra 'pasta', o 's' faz parte da primeira sílaba e não da segunda? Por que não podemos dividir a palavra 'pasta' em 'pa-sta', mas temos que dividi-la como 'pasta'? Na verdade, existem certas condições para a divisão dessas sequências sonoras dentro das sílabas, algumas das quais se aplicam a todas as línguas naturais, e outras são específicas a uma determinada língua. A condição para a divisão dos elementos de uma sequência sonora baseia-se em uma escala de soância, na qual, em uma ponta, estão os elementos mais soantes das línguas e, na outra, os menos soantes.

Quadro 7: Escala de soância de segmentos sonoros que constituem as sílabas.

Vogais	Líquidas (laterais e róticos)	Nasais	Oclusivas e fricativas
3	2	1	0

As línguas do mundo tendem a estar organizadas de modo que as seguintes condições sejam respeitadas:

1. a sequência de elementos no *onset* e na coda silábica de mesma escala de soância não é permitida;

2. o núcleo da sílaba é constituído pelo elemento mais sonoro da sequência de sons e deve haver uma escala crescente de soância do *onset* para o núcleo e decrescente do núcleo para a coda.

117

Baseando-nos nessas condições, a palavra 'pasta' não poderia ter uma sílaba 'sta' porque o ataque seria formado por 'st' cujos elementos sonoros têm a mesma soância: a primeira é fricativa e a segunda é oclusiva, portanto as duas têm escala de soância igual a 0, conforme a escala apresentada no Quadro 7. Por sua vez, a separação da sequência 'pasta' em 'pas' e 'ta', respeita as condições anteriormente estabelecidas:

(i) a sílaba 'pas' tem como *onset* /p/, como núcleo /a/ e como coda /S/ e vemos a escala crescente de soância do *onset* para o núcleo que vai de 0 a 3 e a escala decrescente do núcleo para a coda que vai de 3 a 0.

(ii) a sílaba 'ta' tem como *onset* /t/ e como núcleo /a/, o que também respeita as condições colocadas.

As sílabas no PB – e de modo geral em todas as línguas naturais – teriam então como elemento fundamental a vogal, já que ela é o elemento de maior soância (Quadro 7) e forma o núcleo silábico, que é obrigatório. No PB, as sílabas possuem também *onset* (ou ataque, ou aclive) e coda (ou declive), que são opcionais. O núcleo e a coda constituem ainda o que chamamos de rima da sílaba. Veja a Figura 1.

A seguir, discuremos os padrões (ou moldes) silábicos, a partir da discussão do *status* de cada elemento que os constituem.

Figura 1: Esquema dos elementos constitutivos da sílaba.

6.1. Núcleo silábico

O núcleo é a parte essencial de uma sílaba e pode ser preenchido por vogais, ou por alguns tipos especiais de consoantes, as nasais e as líquidas silábicas. Em português, somente as vogais ocupam o núcleo das sílabas.

Para sabermos o número de sílabas que uma palavra possui, devemos contar o seu número de vogais, já que toda sílaba tem obrigatoriamente um núcleo, que, no PB, deve ser constituído por uma única vogal. Assim, a palavra 'mata', por ter duas vogais, tem duas sílabas.

6.2. *Onset* silábico

Esta posição pré-vocálica é ocupada por uma ou duas consoantes. Quando o *onset* silábico corresponde a apenas uma consoante (C_1V), chama-se *onset* simples, e qualquer das consoantes do PB pode ocupar essa posição. Todavia, as consoantes /ɾ/, /ʎ/ e /ɲ/ só ocorrem em *onset* silábico no interior das palavras, e não em início de palavra.

Vejamos exemplos em que possamos perceber essa diferença de localização das consoantes em palavras do PB. Tente encontrar exemplos de palavras iniciadas por sílabas com estes três fonemas (/ɾ/, /ʎ/ e /ɲ/); você vai perceber que não encontrará tais exemplos. Não existem palavras no PB iniciadas com a consoante /ɾ/, as sílabas com esse som estão sempre no interior das palavras, mais precisamente entre vogais. Na verdade, as sílabas em início de palavra com os fonemas /ʎ/ e /ɲ/ só ocorrem em vocábulos que são empréstimos na língua, como vemos em 'nhoque' (empréstimo do italiano) e 'lhama' (empréstimo do quíchua). Além disso, na pronúncia de tais palavras, geralmente ocorre a inserção de uma vogal inicial ([i'ɲɔkɪ] e [i'ʎɐ̃mɐ]). As consoantes /ɾ/, /ʎ/ e /ɲ/, em posição inicial de sílaba, devem estar entre vogais, como em 'fa<u>r</u>o', 'fo<u>lh</u>a' e 'so<u>nh</u>o'.

Quando o *onset* silábico é preenchido por duas consoantes (C_1C_2V), ele é chamado de *onset* complexo. Nesses casos, a primeira consoante pode ser tanto uma fricativa labiodental quanto uma oclusiva, mas a segunda consoante deve ser uma líquida lateral /l/ ou não lateral /ɾ/. Essa sequência de consoantes que pertencem à mesma sílaba é chamada de encontro consonantal tautossilábico (i.e., mesma sílaba). Há, porém, algumas restrições para esses encontros. Uma dessas restrições é que, em sílabas localizadas em início de palavra, não há ocorrência dos encontros consonantais 'tl', 'dl' ou 'vr'.

Vamos olhar alguns dados do PB para entender melhor o que acabamos de dizer sobre o *onset* complexo. Primeiramente, é preciso notar que existem dois tipos de encontros consonantais: o heterossilábico e o tautossilábico. O primeiro ocorre entre sílabas. Por exemplo, na palavra 'Israel', temos um encontro de consoantes entre 'sr', no entanto, ele ocorre no limite entre duas sílabas – /is.ra.ˈɛl/.

Quando o encontro consonantal ocorre na mesma sílaba, ele é chamado de tautossilábico, como é o caso que envolve os encontros das consoantes 'vl', 'tl' etc.; veja a palavra 'atlas' (/ˈatleʃ/), por exemplo. Considere agora apenas os encontros tautossilábicos. Pense em algumas palavras formadas

> O diacrítico "." indica a separação silábica ou a silabificação das palavras.

pelos encontros consonantais 'tl', 'dl', 'vl', 'vr'. Você pode ter pensado em 'Atlântico', 'Vladimir' e 'livraria', mas não deve ter encontrado nenhuma palavra com 'dl'. Veja também que há uma diferença entre as palavras encontradas; por exemplo, em 'Atlântico' e 'livraria', a sílaba que possui o encontro não está no início de palavra, diferentemente do que ocorre na palavra 'Vladimir', certo? De fato, para o encontro 'vr', não há possibilidade de aparecimento em início de palavra. Para o encontro consonantal 'vl', a única possibilidade é a de nomes próprios de origem estrangeira. Com o encontro consonantal 'tl', temos a ocorrência de palavras que iniciam por ele apenas em uma onomatopeia 'tlim' (imitação de sino, campainha etc.), ou no nome de um indivíduo dos tlinguites (povo indígena do Alasca, ou da língua falada por este povo). Para os encontros 'dl' e 'vr', encontramos apenas duas onomatopeias: 'dlim-dlim' (o som de um sininho) e 'vrum' (o ruído de um motor de carro), respectivamente. Vemos então que os encontros consonantais tautossilábicos (na mesma sílaba) apresentam uma distribuição bastante restrita.

Passemos à coda silábica e à distribuição dos segmentos nessa posição na sílaba.

6.3. Coda silábica

Esta posição pós-vocálica pode ser ocupada por uma ou mais consoantes. Quando há apenas uma consoante nessa posição, temos a coda simples, e quando há duas ou mais consoantes, temos a coda complexa. Na distribuição dos fonemas do PB, também ocorrem restrições para essa posição. Os segmentos fonéticos que ocorrem em coda silábica são normalmente representados por arquifonemas em função da neutralização que acontece nessa posição. São eles: /N/, /S/ e /R/. Mas ainda temos a possibilidade da lateral /l/ nessa posição. Além disso, a consideração do arquifonema /N/, como já salientamos, vai depender da teoria fonológica observada.

Continuemos nossa apresentação da coda silábica simples pelo arquifonema /S/. Como já vimos anteriormente, para representarmos a perda de contraste fonêmico entre as variantes, usamos os arquifonemas. O arquifonema /S/ é empregado para denotar o contraste entre os fonemas /s z ʃ ʒ/, os quais, quando ocupam a posição de *onset* silábico, como em 'casa'/'caça' e 'rachado'/'rajado', constituem-se em pares mínimos caracterizando o contraste fonêmico entre /s z/ e /ʃ ʒ/, respectivamente. Quando se localizam em coda silábica, esses fonemas perdem o contraste, haja vista que podemos, por exemplo, produzir a palavra 'lápis' com diferentes variantes dependendo do contexto seguinte, ou do dialeto, sem com isso modificar o significado de tal palavra. Vejamos exemplos no Quadro 8. As transcrições fonéticas referem-se aos falares (a) florianopolitano e (b) paulista.

Quadro 8: Variantes dependentes de contexto – Arquifonema /S/.

Transcrição ortográfica Transcrição fonológica	Transcrição fonética ampla 👁	
	(a) (pronúncia do florianopolitano)	**(b)** (pronúncia do paulista)
'lápis amarelo' /ˈlapiS/ /amaˈrɛlo/	[lapizamaˈrɛlʊ]	[lapizamaˈrɛlʊ]
'lápis colorido' /ˈlapiS/ /koloˈrido/	[lapiʃkoloˈridʊ]	[lapiskoloˈridʊ]
'lápis novo' /ˈlapiS/ /ˈnovo/	[lapiʒˈnovʊ]	[lapizˈnovʊ]
'gosto mesmo' /ˈgoSto/ /ˈmeSmo/	[goʃtʊ ˈmeʒmʊ]	[gostʊ ˈmezmʊ]

Nos contextos exemplificados no Quadro 8, verificamos que o arquifonema /S/ é produzido:

(a) como [s] ou [ʃ], dependendo do dialeto:

• quando está em final de sílaba seguido de consoante surda ('lápis colorido' ou 'gosto');
• quando é seguido de pausa em posição final de sentença.

(b) como [z], independente do dialeto:

• quando está em posição final de palavra e é seguido de vocábulo iniciado por vogal ('lápis amarelo').

(c) como [z] ou [ʒ], dependendo do dialeto:

• quando está em final de sílaba seguido de consoante sonora ('lápis novo' ou 'mesmo').

O arquifonema /R/ aparece também na posição de coda simples. No PB, já percebemos que temos dois róticos (os sons de 'r') que fazem contraste fonêmico; são os chamados "r-fraco" e "r-forte". O primeiro ocorre entre vogais e como segunda consoante em uma mesma sílaba (encontros tautossilábicos); o "r-forte" ocorre em início de palavra, entre vogais e seguido de consoante em outra sílaba (encontros consonantais heterossilábicos). Vejamos, no Quadro 9, a distribuição desses fonemas.

Quadro 9: Distribuição de "r-fraco", "r-forte" e do arquifonema /R/.

"r-fraco"			
Entre vogais		Em encontros consonantais tautossilábicos (*onset* complexo)*	
caro		prato	
Transcrição fonológica	Transcrição fonética	Transcrição fonológica	Transcrição fonética
/'karo/	['karʊ]	/'prato/	['pratʊ]
"r-forte"			
Entre vogais		*Onset* silábico	Em encontros consonantais heterossilábicos*
carro		rato	Israel
Transcrição fonológica	Transcrição fonética	Transcrição fonológica	Transcrição fonética	Transcrição fonológica	Transcrição fonética

/'karo/	['karʊ]	/'rato/	['ratʊ]	/iSra'ɛl/	[isra'ɛw]
	['kaxʊ]		['xatʊ]		[isxa'ɛw]
	['kahʊ]		['hatʊ]		[isha'ɛw]
	['kaχʊ]		['χatʊ]		[isχa'ɛw]
	['kaʁʊ]		['ʁatʊ]		[isʁa'ɛw]

Arquifonema /R/					
Coda silábica interna à palavra				Coda silábica em final de palavra	
carta		corda		mar	
Transcrição fonológica	Transcrição fonética	Transcrição fonológica	Transcrição fonética	Transcrição fonológica	Transcrição fonética
/'kaRta/	['kartɐ]	/'koRda/	['kɔrdɐ]	/'maR/	['marɐ]
	['kaxtɐ]		['kɔɣdɐ]		['max]
	['kahtɐ]		['kɔɦdɐ]		['mah]
	['kartɐ]		['kɔrdɐ]		['mar]
	['kaχtɐ]		['kɔʁdɐ]		['maχ]
	['kaɹtɐ]		['kɔɹdɐ]		['maɹ]
	['kaʁtɐ]		['kɔʁdɐ]		['maʁ]

* É interessante voltar à definição de encontros consonantais heterossilábicos e tautossilábicos apresentada na seção "*Onset* silábico".

> Relembrando que, para a distinção dos dois fonemas ("r-fraco" e "r-forte"), usamos o símbolo /ɾ/ para o fraco e /r/ (símbolo da vibrante alveolar múltipla) para o forte. As variadas transcrições fonéticas referem-se às diversas possibilidades de pronúncia nas várias regiões dialetais do Brasil.

Podemos encontrar ainda, como consoantes pós-vocálicas, o fonema /l/, em final de sílaba, como em 'cal' (/'kal/) e 'salsa' (/'salsa/). Na posição pós-vocálica no PB, temos a variante velar ([ɫ]) – na pronúncia ['kaɫ] para 'cal' e ['saɫsɐ] para 'salsa', encontrada em pronúncias do Rio Grande do Sul, ou a variante vocalizada ([w]), na pronúncia ['kaw] para 'cal' e ['sawsɐ] para 'salsa', encontrada na maior parte dos falares brasileiros. Vejamos, no Quadro 10, alguns exemplos dessas diferenças dependentes de contexto. As transcrições fonéticas são referentes a produções (a) do falar carioca e (b) de algumas regiões do Rio Grande do Sul.

123

Quadro 10: Exemplos de transcrições do fonema /l/.

Vocábulo	Transcrição fonológica	Transcrição fonética ampla 🎧	
		(a)	**(b)**
mal	/ˈmal/	[ˈmaw]	[ˈmaɫ]
calo	/ˈkalo/	[ˈkalʊ]	[ˈkalʊ]
calçada	/kalˈsada/	[kawˈsadɐ]	[kaɫˈsadɐ]
colchete	/kolˈʃete/	[kowˈʃetʃɪ]	[koɫˈʃete]
lata	/ˈlata/	[ˈlatɐ]	[ˈlatɐ]
luzes	/ˈluzeS/	[ˈluzɪʃ]	[ˈluzes]
atlas	/ˈatlaS/	[ˈatlɐʃ]	[ˈatlɐs]
flagelado	/flaʒeˈlado/	[flaʒeˈladʊ]	[flaʒeˈladʊ]

Passemos agora à constituição das sílabas quanto aos seus tipos.

6.4. Classificação dos tipos silábicos no português brasileiro

A partir da constituição do *onset* e da coda silábica, discutidos anteriormente, podemos fazer o levantamento dos tipos de sílabas no português brasilei-

> Retomando: o diacrítico (.), no Quadro 11, representa a separação entre as diversas sílabas que compõem as palavras do PB.

ro. Temos sílabas chamadas de simples (constituídas apenas pelo núcleo silábico ou pelo núcleo precedido por um elemento no *onset*), complexas (cujo núcleo é seguido por um ou mais segmentos ou precedido por mais de uma consoante), abertas ou livres (quando apresentam uma rima não ramificada, ou seja, apenas um elemento no núcleo), e fechadas ou travadas (quando possuem rima ramificada, ou seja, mais de um segmento no núcleo ou o preenchimento da coda).

Apresentamos, no Quadro 11, a constituição das sílabas livres e travadas do PB. As transcrições fonéticas são referentes a produções do falar florianopolitano.

Quadro 11: Tipos de sílaba no português brasileiro.

| Padrões silábicos | | Exemplos | Transcrição fonológica | Transcrição fonética ∩ (dialeto florianopolitano) |
Sílabas livres	Sílabas travadas			
V		a_	/a/	[ɐ]
CV		p<u>ó</u>	/'pɔ/	['pɔ]
CCV		<u>pra</u>.to	/'prato/	['pɾa.tʊ]
	VC	<u>as</u>	/aS/	[ɐʃ]
	CCVC	<u>plás</u>.ti.co	/'plaStiko/	[plaʃ.'ti.kʊ]
	CVC	<u>cor</u>.da	/'kɔRda/	['kɔɣ.dɐ]
	CVCC	<u>pers</u>.pi.caz	/peRSpi'kaS/	[pexs.pi.'kaʃ]

Chamamos novamente a atenção para o fato de que, se a teoria levar em conta o arquifonema nasal /N/, ou seja, a consideração bifonêmica para a vogal nasal, as sílabas iniciais das palavras 'campo' (/'kaN.po/) e 'transporte' (/trãNS.'pɔR.te/) serão consideradas travadas CVC e CCVCC, respectivamente. Caso se considere a teoria monofonêmica para a vogal nasal, a sílaba inicial de 'campo' deixará de ser travada para se tornar uma sílaba livre CV (/'kã.po/) e a sílaba inicial de 'transporte' passará ao padrão CCVC (/trãS.'pɔR.te/). No Quadro 11, consideramos a vogal nasal como monofonêmica, e por isso não listamos o tipo silábico CCVCC.

Para continuarmos a classificar os diferentes tipos silábicos do PB, ainda falta discutirmos o *status* fonológico das semivogais. Seriam elas consideradas vogais ou consoantes? Essa decisão vai afetar a distribuição da tipologia das sílabas no PB.

6.5. As semivogais e a estrutura silábica no português brasileiro

Câmara Jr. (1986) considera que os verdadeiros ditongos são os decrescentes, em que a semivogal se apresenta depois da vogal, como nas palavras 's[ej]' e '[oj]to', pois esses ditongos não são reduzidos pelos falantes

125

de português. Para esse autor, a semivogal desses ditongos decrescentes ocuparia a posição de núcleo vocálico, uma vez que a semivogal não comuta com a consoante, mas o ditongo é que comuta com a vogal simples.

> Glide é um segmento que exibe características articulatórias de uma vogal alta, mas que não pode ocupar a posição de núcleo silábico; por isso, é considerado uma vogal assilábica. Alguns autores usam os símbolos [i̯ u̯] para representar foneticamente essas vogais assilábicas.

Câmara Jr. dá como exemplo disso a oposição entre as palavras 'dei' e 'dê', ou seja, há troca entre o ditongo [ej] e a vogal [e]. Para Bisol (2001), no entanto, a semivogal dos ditongos decrescentes ocuparia a posição da consoante, ficando na coda silábica; as semivogais comutam assim com as consoantes ('dói' e 'dos'). No nível subjacente, então, as semivogais são vogais altas que se tornam glides no processo de silabificação e assim ocupam a posição das margens (*onset* e coda) da sílaba, como as consoantes.

Com respeito aos padrões silábicos, as semivogais serão consideradas glides e usaremos a notação V' para indicá-los nas sílabas. Seguindo a abordagem de Bisol (2001), teremos os glides [j w] ocupando tanto a posição pré-vocálica quanto a pós-vocálica. Na posição pré-vocálica, encontramos os ditongos crescentes, como em 'tranquilo' e 'Mário', transcritos respectivamente como [trẽ.ˈkwi.lʊ] e [ˈma.ɾjʊ], correspondendo a sílabas CV'V.

Assim, continuamos, no Quadro 12, a classificação das sílabas do PB, anexando a ela as sílabas formadas com os glides /j w/.

Fonologicamente, as semivogais podem ser transcritas como vogais altas /i u/. Essa é a nossa opção e a de alguns autores, como Cristófaro-Silva (2002). Outros autores escolhem transcrevê-las como glides /j w/, como Scliar-Cabral (2003), por exemplo. Como vimos no capítulo "Fonética", foneticamente, as semivogais podem ser transcritas como [j w] ou [i̯ u̯]. Escolhemos, neste livro, transcrevê-las como [j w]. A notação fonética da semivogal alta anterior como [y] também é observada em alguns manuais ou livros da área, como em Cavaliere (2005) e Callou e Leite (1990). Aqui a evitaremos, uma vez que ela representa, no Alfabeto Fonético Internacional, a vogal alta anterior arredondada presente, por exemplo, na língua francesa.

Quadro 12: Tipos de sílaba do PB, considerando-se as semivogais como assilábicas.

Padrões silábicos		Exemplos	Transcrição fonológica	Transcrição fonética (dialeto carioca) ⚬
Sílabas livres	Sílabas travadas			
VV'		ai	/'ai/	['aj]
CVV'		cai	/'kai/	['kaj]
CV'V		quase	/'kʷaze/	['kwazɪ]
	VV'C	austero	/auS'tɛro/	[awʃ'tɛɾu]
	CVV'C	cais	/'kaiS/	['kajʃ]
	CV'VC	equestre	/e'kʷɛStɾe/	[e'kwɛʃtɾɪ]
	CV'VV'C	quais	/'kʷaiS/	['kwajʃ]

Passemos à discussão sobre o acento no português do Brasil.

7. O ACENTO NO PORTUGUÊS BRASILEIRO

Assim como para o conceito de sílaba, há uma extensa discussão entre os autores sobre o que seria o acento. Ele poderia, por exemplo, ser considerado um fonema da língua? Temos aqui uma controvérsia: muitos acham que sim e justificam com exemplos do tipo 'sábia', 'sabia' e 'sabiá'. O argumento desses autores a favor da ideia de que a tonicidade tem valor fonêmico é que podemos fazer uma oposição apenas pela posição do acento da palavra, como vemos com os itens 'sábia' (que sabe muito, erudita), 'sabia' (forma de passado do verbo 'saber') e 'sabiá' (pássaro muito comum). O traço que distingue os vocábulos é o acento tônico, que passa da primeira vogal para a segunda e depois para a última, variação encontrada em PB (antepenúltima, penúltima e última sílaba correspondendo às proparoxítonas, paroxítonas e oxítonas, respectivamente). Porém, se de fato levarmos adiante a ideia de que o acento é um fonema, ele deve ser visto como um fonema diferente dos demais, pois ele se sobrepõe aos segmentos, e o acento é chamado, por essa razão, de suprassegmento.

> Suprassegmental é uma característica fônica que afeta unidades que não correspondem exatamente ao fonema, mas sim ao acento e à entoação que afetam a sílaba ou a palavra, ou seja, unidades maiores do que o fonema. É essa característica prosódica sobreposta às sílabas que nos faz perceber, por exemplo, qual é a sílaba acentuada em uma determinada palavra.

No entanto, os que são contrários à consideração do acento como fonêmico enfocam a previsibilidade da distribuição do acento como argumento. E observando os dados da língua, percebemos que a distribuição do acento no PB é, de fato, bastante previsível: ele só pode cair nas três últimas sílabas das palavras (as oxítonas, as paroxítonas e as proparoxítonas). Além disso, devemos levar em conta que a maior parte das palavras em PB é paroxítona; as menos frequentes são as proparoxítonas; e as oxítonas ocupam uma posição intermediária em termos de frequência. As proparoxítonas têm, em geral, origem estrangeira e apresentam uma tendência a apagarem a penúltima sílaba, transformando-se em paroxítonas. Atentem para a pronúncia de palavras como: 'abóbora' e 'fósforo' que têm a sua antepenúltima sílaba acentuada, sendo, portanto, proparoxítonas. É muito comum produzi-las como [aˈbɔbrɐ] e [ˈfɔʃfrʊ] 🎧 , respectivamente, transformando ambas em paroxítonas.

As oxítonas, por sua vez, são, em sua maioria, finalizadas por consoante. O acento no PB é sensível ao peso da sílaba: o acento tem por tendência cair na sílaba finalizada por consoante – as sílabas travadas ou pesadas. Vejamos os exemplos: 'andar', 'anel', 'ardor' etc. As oxítonas que finalizam por vogais também têm, em geral, origem estrangeira. Mas o acento na penúltima sílaba é preferido quando a última sílaba for terminada por vogal.

> Retomando: sílabas pesadas são aquelas que apresentam coda silábica.

Continuando a olhar os dados da língua, percebemos que a definição de vocábulo fonológico tem estreita relação com o acento em português. Um erro de ortografia muito comum, cometido inclusive por alunos universitários, é grafar as palavras 'de repente' como se se tratasse de um único item: 'derepente' ou 'derrepente'. Isso mostra que, para falantes do PB, certos conjuntos de palavras pronunciadas sem pausa, por apresentarem apenas um acento (um único grupo de força), são interpretados como um único vocábulo, subordinado a um acento tônico que predomina nesse conjunto de palavras. Isso geralmente ocorre entre artigo/preposição/pronome e substantivo. Essas sequências de palavras sem pausa na fala constituem o que chamamos de grupos de força, sendo, portanto, compostos de mais de um vocábulo. Muitas palavras compostas do português apresentam hoje essa interpretação de um só grupo de força e são transcritas como um único vocábulo. São exemplos desse fato palavras como 'aguardente' ('água'+'ardente') e 'entretanto' ('entre'+ 'tanto').

Câmara Jr. (1977) confere à definição de vocábulo a questão de acento, ou melhor, a relação entre sílabas tônicas e átonas. Esse autor apresenta uma pauta de acento com quatro graus. Ele argumenta que cada vocábulo tem a sua pauta acentual e que as sílabas pós-tônicas localizadas após a sílaba tônica são mais fracas do que as pré-tônicas (localizadas antes da sílaba tônica):

Grau 0: para a sílaba átona pós-tônica;
Grau 1: para a sílaba átona pré-tônica;
Grau 2: para uma sílaba tônica de menor intensidade;
Grau 3: para a sílaba tônica de maior intensidade.

> Pauta acentual caracteriza-se pela presença do acento que define a autonomia fonológica de uma palavra. Quanto maior o grau, mais independência fonológica uma palavra apresenta, e vice-versa, na constituição dos grupos de força.

Vejamos exemplos dessa pauta acentual nas palavras 'bonito', 'tela', 'café', 'bondosamente' e na sequência 'bondosa mente' (o símbolo # indica fronteira de palavra):

[bu'nitʊ]
1 3 0
(9)

['tɛlɐ]
3 0
(10)

[ka'fɛ]
1 3
(11)

[bõdɔza'mẽtʃɪ]
1 2 1   3 0
(12)

[bõ'dɔza#'mẽtʃɪ]
1 3 0   3 0
(13)

A distribuição proposta por Câmara Jr. é capaz de distinguir um grupo de força constituído de dois vocábulos fonológicos ('bondosa'#'mente'), daqueles constituídos de apenas um vocábulo fonológico ('bondosamente') – compare (12) e (13). Há casos, porém, em que duas formas lexicais podem, em sequência, resultar em um único vocábulo fonológico em função da atonicidade de um deles. É o que acontece com os clíticos em:

(14) Os amigos me cobraram.

No exemplo em (14), temos dois clíticos ('os' e 'me') formando então dois vocábulos fonológicos: 'osamigos' e 'mecobraram'. Observe em (15) a transcrição dos vocábulos apresentados em (14).

[uza'migʊʃ] [miko'braɾãw]
1 1   3 0   1 1   3 0
(15)

> Clítico é uma palavra que depende fonologicamente de outra, comportando-se como se fosse uma de suas sílabas. São também chamados de clíticos os pronomes átonos, justamente por essa propriedade de dependência acentual das palavras que os seguem ou precedem.

Até agora, nossa exposição de fatos fonológicos do PB seguiu de perto as ideias estruturalistas. A seguir, vamos mostrar como se articula a visão gerativista de fonemas e traços distintivos.

8. TRAÇOS DISTINTIVOS: UMA CONTRIBUIÇÃO DA FONOLOGIA GERATIVISTA

Um dos pontos bastante criticado no estruturalismo foi a consideração do fonema como unidade indivisível. Isso pode ser mais bem entendido se pensarmos naquilo que opõe, por exemplo, os fonemas /f/ e /v/. Eles se distinguem pela propriedade de vozeamento, ausente em /f/ (surdo), mas presente em /v/ (sonoro). Dessa maneira, tal distinção pode ser pensada não em relação à unidade (fonema), mas sim com relação a uma propriedade que o fonema tem ou não. Essas discussões levaram a uma releitura da interpretação dos fonemas que passaram a ser, então, vistos como um feixe de traços distintivos.

> Traços distintivos são as propriedades distintivas das unidades fônicas. São universais, independentes de qualquer língua e fornecem a base para a representação fonética de cada língua em particular. As vogais e consoantes, por essa concepção, podem ser decompostas em unidades menores que são os traços distintivos. Essas propriedades distintivas podem ser baseadas em critérios articulatórios, acústicos ou perceptuais.

Esse tipo de abordagem, na verdade, já teve início com os pensadores do Círculo Linguístico de Praga, mas é através da Fonologia Gerativa que a ideia de traços distintivos ganha um importante papel heurístico. É por causa disso que apresentaremos essa noção e seu papel com base no trabalho de Chomsky e Halle (1968), *The Sound Pattern of English*, que descreve esses traços por meio de propriedades articulatórias, passando a categorizar como traço as variáveis articulatórias, não se voltando somente às variáveis com função distintiva. Com essa estratégia, os autores utilizam termos mais familiares do que os empregados pelos estudiosos do Círculo Linguístico de Praga, que descreviam os traços em termos acústicos e perceptuais.

8.1. Traços distintivos

Antes de mais nada, precisamos entender que tratamos sempre de representação, mesmo quando nos referimos à representação fonética. Ao tentarmos fazer a distinção entre fonemas e suas variantes (alofones), percebemos dois níveis: o da fala e o das oposições. E aqui o que importa ressaltar é que, quando falamos de representação fonética, não estamos falando de fonética física, mas sim de uma representação da fala como uma sequência de segmentos distintos que podem ser diferentes de outros por um número limitado de traços. Essa representação fonética já leva em conta as normas para a variação dentro de determinada língua. Sendo assim, o nível fonético também é um tipo de abstração da fonética física. A diferença entre uma representação fonética e uma representação fonológica é que a fonológica é mais abstrata do que a fonética, uma vez que menos detalhes fonéticos são usados nessas representações fonológicas.

Para falarmos dos traços, é necessário antes discorrermos um pouco sobre essas propriedades distintivas. Vários autores propuseram inventários de traços distintivos, mas é com a publicação dos trabalhos de Jakobson, Fant e Halle (1967) e Chomsky e Halle (1968) que se estabelecem as propriedades distintivas relacionadas a aspectos acústicos, articulatórios ou perceptuais que validam empiricamente as análises fonológicas das línguas, ou seja, que apresentam uma maior correlação com a realidade fonética.

Em geral, esses traços distintivos são apresentados em forma de matrizes ou árvores. Para Chomsky e Halle (1968), os traços são vistos sob características essencialmente articulatórias. No nível fonético, os traços corresponderiam a escalas físicas que descrevem aspectos do evento de fala. No nível fonológico, eles são marcas de classificação abstrata que identificam os vocábulos da língua. São traços binários, sendo cada um representado por dois pontos na escala física, um marcando a presença (+), e outro a ausência de uma dada propriedade (-). Essas propriedades devem ser escritas entre colchetes com as valências [+ ou -] antes da propriedade. Por exemplo, [b] receberia o traço [+sonoro], enquanto [p], [-sonoro].

A escolha de traços distintivos deve respeitar ainda os seguintes critérios:

a. tem base fonética;

b. tem de distinguir diferenças entre segmentos de línguas diferentes, mesmo que nunca apareçam em conjunto;

c. devem compreender os principais alofones de uma língua;

d. como servem para classificar os fonemas, o conjunto de traços deve comportar os contrastes necessários às oposições dentro de um sistema;

e. os segmentos que compartilham traços fonéticos sofrem os mesmos processos fonológicos.

Então, considerando tais critérios, os traços distintivos de Chomsky e Halle (1968) dividem-se naqueles concernentes às classes principais, à cavidade, ao modo de articulação e à fonte. Vejamos em detalhes:

1) Traços de classes principais:
• silábico
• consonantal
• soante

2) Traços de cavidade:
• coronal
• anterior

2.1) Traços de corpo da língua:
 • alto
 • baixo
 • recuado
 • arredondado

2.2) Traços de aberturas secundárias:
 • nasal
 • lateral

3) Traços de modo de articulação:
• contínuo
• soltura retardada
• tenso

4) Traços de fonte:

- vozeado
- estridente

Vamos à definição de cada um desses traços. Para isso, é necessário considerar dois conceitos: **posição neutra** e **vozeamento espontâneo,** que são os pontos de referência para a definição dos traços fonéticos.

➔ **Posição neutra**: o véu palatino deve estar levantado, fechando a cavidade nasal. O corpo da língua sai da sua posição de repouso para a posição que ocuparia na produção da vogal cardeal [ɛ], por exemplo, em 'café' [kaˈfɛ], deixando a lâmina da língua na posição mantida durante a respiração.

➔ **Vozeamento espontâneo**: a vibração espontânea se dá no momento anterior ao início da fala, quando há um estreitamento da glote, posicionando as pregas vocais de forma a reduzir a pressão de ar acima e abaixo da glote. Essa diferença de pressão de ar acima e abaixo da glote define a velocidade com que o ar passará pela glote e essa velocidade é que determinará a vibração ou não das pregas vocais.

Passemos agora à definição dos traços fonéticos, lembrando que os sons que exemplificam os traços apresentados são referentes ao PB.

Comecemos, então, pelos traços concernentes às **classes principais**:

➔ **Silábico**: os sons silábicos [+sil] definem os segmentos que constituem picos silábicos, ou seja, constituem o núcleo de uma sílaba. Os não silábicos [-sil] correspondem àqueles presentes nas margens da sílaba. Como vimos, em PB, as consoantes e os glides são [-sil] e as vogais, [+sil].

➔ **Consonantal**: esse traço define os segmentos produzidos com uma constrição do trato vocal. Os sons consonantais [+cons] podem apresentar uma constrição total, como na produção das oclusivas, ou parcial, como na produção das fricativas. Sons não consonantais [-cons] são aqueles que não apresentam tal constrição. São exemplos desses últimos as vogais e os glides, as demais consoantes são [+cons].

➔ **Soante**: esse traço é definido por uma passagem do ar relativamente livre através da cavidade oral ou nasal, ou seja, quando é produzido com uma configuração que possibilite o vozeamento espontâneo. Seriam não soantes [-soan] os sons obstruintes (plosivas, fricativas, africadas, vibrantes e tepe), cuja configuração do trato vocal inibe o vozeamento espontâneo. As vogais, glides, consoantes líquidas e nasais apresentam vozeamento espontâneo e por isso são consideradas soantes [+soan].

Esses traços são caros à teoria, pois com eles se fazem as distinções das categorias básicas de segmentos: as vogais, as líquidas e nasais não silábicas, os glides e as obstruintes. Vejamos:

	Soante	Consonantal	Silábico
Vogais	+	-	+
Líquidas e nasais não silábicas	+	+	-
Glides	+	-	-
Obstruintes	-	+	-

Passemos agora aos traços relativos à **cavidade**:

➔ **Anterior**: esse traço demarca os segmentos realizados com uma obstrução no trato oral localizada na região anterior à região alveopalatal. São anteriores [+ant] as consoantes labiais, dentais e alveolares, e não anteriores [-ant] as alveopalatais, palatais, velares, uvulares e faringais.

➔ **Coronal**: esse traço define os sons produzidos com o ápice ou lâmina da língua elevada a uma posição acima da observada na posição neutra, mais especificamente na região atrás dos incisivos superiores, entre a arcada alveolar e o palato duro. Os sons assim produzidos são coronais [+cor] e constituem-se nas consoantes dentais, alveolares, alveopalatais e retroflexas. As demais consoantes são não coronais [-cor].

Corpo da língua:

➔ **Alto**: esse traço define os segmentos produzidos com o levantamento do corpo da língua acima da posição neutra. Sons altos [+alt] são as vogais altas, os glides, as consoantes alveopalatais, palatais e velares. Os demais são não altos [-alt].

135

➔ **Baixo**: esse traço caracteriza os segmentos realizados com o abaixamento da língua em uma posição inferior à verificada na posição neutra. Os baixos [+bx] são as vogais abertas [a], [ɛ] e [ɔ]. As consoantes, as vogais altas e médias-altas são sons não baixos [-bx].

➔ **Recuado ou Posterior**: esse traço demarca os sons produzidos com uma retração da língua em relação à posição neutra. Os sons recuados [+rec] constituem-se das vogais centrais e posteriores, consoantes velares, uvulares e o glide posterior. São sons não recuados [-rec] as consoantes glotais e os demais segmentos – vogais, glide e consoantes – que não formam o conjunto dos recuados.

➔ **Arredondado**: esse traço caracteriza os segmentos produzidos com o estreitamento do orifício dos lábios e com uma projeção dos lábios. Os não arredondados são produzidos com o estiramento dos lábios ou colocados em uma posição neutra. Possuem o traço [+arr] as vogais posteriores, o glide posterior e as consoantes labializadas, como [gʷ]. Os outros sons possuem o traço [-arr]. O traço arredondado normalmente é aplicado somente aos sons que são produzidos com protrusão dos lábios.

Aberturas secundárias:

➔ **Nasal**: esse traço define os sons produzidos com o abaixamento do véu do palato e com o ar escapando pela cavidade nasal. São [+nas] as consoantes nasais e as vogais e glides nasalizados. Os sons produzidos com o véu do palato levantado são [-nas] e constituem-se dos sons plosivos, fricativos, laterais, africados, vibrantes, tepe e as vogais orais.

➔ **Lateral**: esse traço delimita os segmentos realizados com um escape de ar lateral, através do abaixamento da parte média da língua de um dos dois lados, permitindo o fluxo de ar lateral. Nos não laterais, o fluxo de ar escapa pela região central do trato vocal. As líquidas laterais são [+lat] e os demais segmentos são [-lat].

Traços: Cavidade	Sons consonantais																						
	p	b	t	d	tʃ	dʒ	k	g	f	v	s	z	ʃ	ʒ	r	ɾ	l	ʎ	m	n	ɲ	x	ɣ
Anterior	+	+	+	+	-	-	-	-	+	+	+	+	-	-	+	+	+	-	+	+	-	-	-
Coronal	-	-	+	+	+	+	-	-	-	-	+	+	+	+	+	+	+	+	-	+	+	-	-
Corpo da língua																							
Alto	-	-	-	-	+	+	+	+	-	-	-	-	+	+	+	-	-	+	-	-	+	+	+
Baixo	-	-	-	-	-	-	-	-	-	-	-	-	-	-	-	-	-	-	-	-	-	-	-
Recuado	-	-	-	-	-	-	+	+	-	-	-	-	-	-	-	-	-	-	-	-	-	+	+
Arredondado	-	-	-	-	-	-	-	-	-	-	-	-	-	-	-	-	-	-	-	-	-	-	-
Aberturas secundárias																							
Nasal	-	-	-	-	-	-	-	-	-	-	-	-	-	-	-	-	-	-	+	+	+	-	-
Lateral	-	-	-	-	-	-	-	-	-	-	-	-	-	-	-	-	+	+	-	-	-	-	-

Traços	Sons vocálicos															
	i	e	ɛ	a	ɔ	o	u	ɪ	ʊ	ĩ	ẽ	ɐ̃	õ	ũ	j	w
Alto	+	-	-	-	-	-	+	+	+	+	-	-	-	+	+	+
Baixo	-	-	+	+	+	-	-	-	-	-	-	+	-	-	-	-
Recuado	-	-	-	+	+	+	+	-	+	-	-	-	+	+	-	+
Arredondado	-	-	-	-	+	+	+	-	+	-	-	-	+	+	-	+

Com **modo de articulação**, aparecem os traços:

➔ **Contínuo**: esse traço determina os segmentos em que a constrição no trato vocal permite a passagem de ar durante toda a sua produção, ou seja, não ocorre bloqueio total à passagem de ar pela cavidade oral. Os sons contínuos [+con] consistem nas consoantes fricativas e nas líquidas, além dos glides. As consoantes laterais podem ser [+con] ou [-con], dependendo da língua. O mesmo acontece com os róticos (sons de "r"), as fricativas seriam consideradas [+con], mas as vibrantes e tepes são [-con].

➔ **Soltura retardada**: esse traço é usado para diferenciar as plosivas das africadas. É definido como [+solt ret] quando o trato vocal se abre gradualmente como nas africadas; o traço [-solt ret] define os segmentos que são produzidos com uma liberação do fluxo de ar abrupta como nas plosivas.

➔ **Tenso**: esse traço é aplicável somente às vogais. Especifica os sons que são produzidos com um grande esforço muscular. As vogais médias abertas [ɛ ɔ] têm o traço [-tenso] assim como as vogais átonas e as semivogais. As demais tem o traço [+tenso].

137

Traços: Modo de articulação	Sons consonantais																						
	p	b	t	d	tʃ	dʒ	k	g	f	v	s	z	ʃ	ʒ	r	ɾ	l	ʎ	m	n	ɲ	x	ɣ
Contínuo	-	-	-	-	-	-	-	-	+	+	+	+	+	+	+	+	+	+	-	-	-	+	+
Soltura Retardada	-	-	-	-	+	+	-	-	-	-	-	-	-	-	-	-	-	-	-	-	-	-	-

Traços	Sons vocálicos															
	i	e	ɛ	a	ɔ	o	u	ɪ	ʊ	ĩ	ẽ	ɐ̃	õ	ũ	j	w
Tenso	+	+	-	+	-	+	+	-	-	+	+	+	+	+	-	-

Por fim, observemos os traços relacionados à **fonte** de excitação do trato vocal:

→ **Sonoro**: esse traço demarca os sons produzidos com as pregas vocais em vibração. Todas as vogais e glides são [+son] e também as consoantes sonoras, como as líquidas, as nasais, as vibrantes e o tepe. As consoantes surdas são [-son].

→ **Estridente**: esse traço caracteriza os segmentos produzidos com intensidade elevada de ruído, o que se deve à presença, durante a articulação, de um obstáculo suplementar que provoca uma turbulência de ar maior. Limitam-se aos sons fricativos e africados. As fricativas labiodentais, alveolares, alveopalatais e uvulares são [+estr]; as consoantes fricativas interdentais, palatais e velares são [-estr].

Traços: Fonte de Excitação	Sons consonantais																						
	p	b	t	d	tʃ	dʒ	k	g	f	v	s	z	ʃ	ʒ	r	ɾ	l	ʎ	m	n	ɲ	x	ɣ
Sonoro	-	+	-	+	-	+	-	+	-	+	-	+	-	+	+	+	+	+	+	+	+	-	+
Estridente	-	-	-	-	-	-	-	-	+	+	+	+	+	+	-	-	-	-	-	-	-	-	-

Traços	Sons vocálicos															
	i	e	ɛ	a	ɔ	o	u	ɪ	ʊ	ĩ	ẽ	ɐ̃	õ	ũ	j	w
Sonoro	+	+	+	+	+	+	+	+	+	+	+	+	+	+	+	+

Vejamos agora as matrizes de traços reunidos para consoantes no Quadro 13, e para as vogais no Quadro 14.

Quadro 13: Matriz fonética de traços, segundo Chomsky e Halle (1968), aplicada às consonantes do PB.

Traços	Sons consonantais																						
	p	b	t	d	tʃ	dʒ	k	g	f	v	s	z	ʃ	ʒ	r	ɾ	l	ʎ	m	n	ɲ	x	ɣ
Silábico	-	-	-	-	-	-	-	-	-	-	-	-	-	-	-	-	-	-	-	-	-	-	-
Consonantal	+	+	+	+	+	+	+	+	+	+	+	+	+	+	+	+	+	+	+	+	+	+	+
Soante	-	-	-	-	-	-	-	-	-	-	-	-	-	-	+	+	+	+	+	+	+	-	-
Anterior	+	+	+	+	-	-	-	-	+	+	+	+	-	-	+	+	+	-	+	+	-	-	-
Coronal	-	-	+	+	+	+	-	-	-	-	+	+	+	+	+	+	+	+	-	+	+	-	-
Alto	-	-	-	-	+	+	+	+	-	-	-	-	+	+	-	-	-	+	-	-	+	+	+
Baixo	-	-	-	-	-	-	-	-	-	-	-	-	-	-	-	-	-	-	-	-	-	-	-
Recuado	-	-	-	-	-	-	+	+	-	-	-	-	-	-	-	-	-	-	-	-	-	+	+
Arredondado	-	-	-	-	-	-	-	-	-	-	-	-	-	-	-	-	-	-	-	-	-	-	-
Nasal	-	-	-	-	-	-	-	-	-	-	-	-	-	-	-	-	-	-	+	+	+	-	-
Lateral	-	-	-	-	-	-	-	-	-	-	-	-	-	-	-	-	+	+	-	-	-	-	-
Contínuo	-	-	-	-	-	-	-	-	+	+	+	+	+	+	+	+	+	-	-	-	-	+	+
Soltura retardada	-	-	-	-	+	+	-	-	-	-	-	-	-	-	-	-	-	-	-	-	-	-	-
Sonoro	-	+	-	+	-	+	-	+	-	+	-	+	-	+	+	+	+	+	+	+	+	-	+
Estridente	-	-	-	-	-	-	-	-	+	+	+	+	+	+	-	-	-	-	-	-	-	-	-

> Na matriz de traços fonéticos, a vibrante alveolar tem os traços [+ant] e [+cor]. No entanto, em uma matriz de traços fonológicos, como representante do r-forte, apresenta os traços [-ant] e [-cor], pois, nesse caso, o r-forte é considerado uma consoante posterior.

Quadro 14: Matriz fonética de traços, segundo Chomsky e Halle (1968), aplicada às vogais e glides do PB.

Traços	Sons vocálicos															
	i	e	ɛ	a	ɔ	o	u	ɪ	ʊ	ĩ	ẽ	ɐ̃	õ	ũ	j	w
Silábico	+	+	+	+	+	+	+	+	+	+	+	+	+	+	-	-
Consonantal	-	-	-	-	-	-	-	-	-	-	-	-	-	-	-	-
Soante	+	+	+	+	+	+	+	+	+	+	+	+	+	+	+	+
Alto	+	-	-	-	-	-	+	+	+	+	-	-	-	+	+	+
Baixo	-	-	+	+	+	-	-	-	-	-	-	+	-	-	-	-
Recuado	-	-	-	+	+	+	+	-	+	-	-	-	+	+	-	+
Arredondado	-	-	-	-	+	+	+	-	+	-	-	-	+	+	-	+
Nasal	-	-	-	-	-	-	-	-	-	+	+	+	+	+	-	-
Tenso	+	+	-	+	-	+	+	-	-	+	+	+	+	+	-	-
Sonoro	+	+	+	+	+	+	+	+	+	+	+	+	+	+	+	+

Vimos, assim, que a distinção apontada entre dois sons normalmente está relacionada a uma propriedade, ou seja, todo par de sons suspeitos de serem fonemas de uma língua apresenta um conjunto de propriedades comuns e uma propriedade que distingue os dois sons suspeitos, como vimos anteriormente. Essas propriedades comuns formam uma classe natural. Vejamos um exemplo que esclareça o que acabamos de dizer: se observarmos os segmentos plosivos (oclusivos): /p/, /b/, /t/, /d/, /k/, /g/, podemos ver que eles têm propriedades comuns, como, por exemplo, o bloqueio oral que vai provocar uma descontinuidade no fluxo de ar, e por isso todos esses segmentos vão ser considerados [-contínuo] (um dos seus traços distintivos). No entanto, se olharmos novamente esses dados, veremos que eles ainda podem ser agrupados de duas outras maneiras: o das consoantes vozeadas /b, d, g/ e o das não vozeadas /p, t, k/. Cada grupo formado com essas características em comum constituem classes naturais.

Os processos fonológicos aplicam-se sobre classes naturais e, assim, podemos lidar com esses processos por meio de regras mais abrangentes do que aquelas aplicadas apenas sobre propriedades individuais. Vejamos, a seguir, alguns desses processos e o modo como podemos descrevê-los por meio da Fonologia Gerativa.

8.2. Processos fonológicos

De acordo com a visão gerativista, o componente fonológico é formado por um conjunto de representações subjacentes e por regras que definem como essas representações emergem na superfície (saída fonética). Quando a aplicação de uma regra altera a representação subjacente, estamos diante de um processo fonológico. Os processos são as modificações que os morfemas sofrem quando se combinam para formar as palavras. Eles podem alterar ou acrescentar traços articulatórios, eliminar ou inserir segmentos, e esses processos fonológicos podem ser classificados em função das alterações que ocorrem nos segmentos.

Para entendermos um pouco melhor os processos fonológicos, vamos voltar a falar das ideias de Chomsky. Ele apresenta uma forma específica de olhar a língua, priorizando a construção de uma gramática que tenha como componente central a análise sintática e o poder gerativo das línguas naturais (nossa criatividade linguística, ou seja, o fato de que sempre podemos montar coisas novas a partir das mesmas regras).

Para Chomsky, a Fonologia de uma língua particular deve ter caráter geral e preditivo, isto é, as representações subjacentes (do nível da competência) devem expressar o conhecimento linguístico dos falantes, ou seja, deve ser possível prever as regras utilizadas pelos falantes que não são imediatamente percebidas. A Fonologia Gerativa tem como objetivos:

- estabelecer, em termos universais, os traços distintivos (que devem ser válidos para todas as línguas);
- definir os tipos de regras possíveis das fonologias particulares;
- determinar os procedimentos e as condições de aplicação das regras de maneira que estas possam aplicar-se para gerar as expressões fonéticas;
- elaborar as fonologias particulares, isto é, das línguas particulares;
- oferecer mecanismos que permitam selecionar as melhores hipóteses (e, consequentemente, a melhor fonologia) para cada língua (D'Introno, Teso e Weston, 1995).

Para tanto, a Fonologia Gerativa propõe formalizar as oposições e distribuições presentes nos sistemas sonoros através de processos fonológicos (processos transformacionais que atuam sobre segmentos e os alteram). Essa formalização é realizada através de regras fonológicas, que são especificadas da seguinte forma:

$$A \rightarrow B \quad / \quad C \underline{\quad} D \tag{16}$$

no esquema em (16), **A**, **B**, **C** e **D** são categorias opcionais; **A** corresponde à descrição estrutural, **B** à mudança estrutural, e **C** e **D** correspondem aos ambientes em que ocorrem as mudanças. Como exemplo, volte ao Quadro 1 da seção "Distribuição complementar e variação livre". Naquele quadro, apresentamos a regra para um processo fonológico que envolve a consoante /t/.

Para fazer uma análise fonológica, precisamos recorrer a certos símbolos (além dos símbolos fonéticos) que representam as mudanças ocorridas em função de adjacências segmentais (contextos vizinhos), estrutura silábica e, também, das pausas, da ordem linear dos enunciados, ou ainda das sequências de sons permitidas ou proibidas. Os símbolos mais usados nesses casos são apresentados no Quadro 15.

Quadro 15: Símbolos empregados para sintetizar os processos fonológicos.

Símbolo	Emprega-se para:	Exemplo:
___	(traço) marcar a exata posição em que um segmento ocorre	A → X/ B ___ C (o segmento A se realiza como X, entre o segmento B e o C)
.	(ponto) marcar a separação entre sílabas	casa ['ka.zɐ]
#	(cerquilha) marcar as fronteiras de palavras	/ r / → [ɾ]/ ___ #V (o segmento / r / se realiza como [ɾ] em final de palavra seguido imediatamente por vogal)
||	(duas barras perpendiculares) indicar fronteira de palavra ou de pausa	casa||amarela →cas[ɐ][a]amarela
+	(sinal de mais) marcar fronteiras internas dos morfemas na formação de palavras	exemplo+s

Os processos fonológicos básicos, apresentados a seguir, estão todos presentes no PB, e serão descritos através de regras formalizadas como em (16). Daqui para frente, empregaremos os símbolos mostrados no Quadro 15 para descrever as transformações sonoras.

Passemos aos processos fonológicos que podem ser considerados como um sistema de regras que relaciona a estrutura profunda de um item lexical à sua estrutura fonética (de superfície). Para percebermos as alterações que ocorrem nos segmentos, devemos analisar as transcrições fonológicas (nível subjacente) e suas transcrições fonéticas (nível de superfície) correspondentes. Os processos fonológicos são aqui organizados em quatro categorias: assimilação, reestruturação silábica, enfraquecimento e reforço, e neutralização.

Assimilação: esse processo ocorre quando segmentos diferentes se tornam mais semelhantes, ou seja, um segmento assume os traços distintivos de um segmento vizinho.

1. Processo de palatização: o posicionamento da língua para a emissão da vogal pode se sobrepor ao gesto consonantal da consoante adjacente, como no caso de consoantes seguidas da vogal alta anterior que tendem a ser palatizadas. Vejamos a palavra 'quilo' e suas transcrições:
   a. fonológica / 'kilo/
   b. fonética ['kʲilʊ]

Podemos dizer que a consoante /k/ foi produzida em uma posição mais anterior no trato vocal. Mesmo sendo velar, a consoante /k/, por causa da vogal que a segue, é produzida na parte mais anterior do trato. Assim, essa consoante oclusiva velar surda foi produzida com a oclusão realizada em uma região mais central do trato vocal, e essa realização é anotada como [kʲ]. Tal alteração de produção, como se vê, é assinalada pelo diacrítico [ʲ]. No Quadro 10 do capítulo "Fonética", são encontrados os diacríticos para a notação dessa alteração.

2. Processo de labialização: ocorre quando a posição dos lábios arredondados se mantém na emissão das consoantes diante de vogais posteriores arredondadas, tornando essas consoantes labializadas. Vejamos um exemplo com a palavra 'tudo' e suas transcrições:
   a. fonológica /ˈtudo/
   b. fonética [ˈtʷudʷʊ]

Analisando as duas transcrições (relacionando a estrutura profunda do item lexical à sua estrutura de superfície), observamos que, pela razão de as vogais que são adjacentes às consoantes alveolares (/t/ e /d/) serem arredondadas, essas consoantes alveolares são produzidas também com os lábios arredondados – [tʷ] e [dʷ]. Essa alteração, como vimos, é marcada pelo diacrítico [ʷ], também encontrado no Quadro 10 do capítulo "Fonética".

3. Processo de nasalização: esse processo ocorre quando o véu do palato começa a se abrir para a produção da consoante nasal em um momento em que a vogal anterior à consoante ainda está sendo produzida. Temos um exemplo desse processo na palavra 'cama'. Vejamos suas transcrições:
   a. fonológica /ˈkama/
   b. fonética [ˈkẽmɐ]

Observando as mudanças que ocorreram entre o nível profundo e o de superfície, vemos que a vogal que antecede a consoante nasal tornou-se nasalizada, ou seja, assimilou a nasalidade por conta da abertura antecipada do véu do palato.

4. Processo de vozeamento: ocorre quando uma consoante se torna surda ou sonora, dependendo se a consoante adjacente a ela é surda ou sonora, respectivamente. Vejamos um exemplo com suas transcrições nas palavras 'gosta' e 'mesmo':
   a. fonológica /ˈgɔSta/ /ˈmeSmo/
   b. fonética [ˈgɔʃtɐ] [ˈmeʒmʊ]

Notamos que a consoante fricativa /S/ vai ser produzida como sonora [z] ou [ʒ], quando estiver diante de uma consoante sonora, – esse é o caso de [ˈmeʒmʊ] em que se tem a produção de [ʒ], já que a consoante [m] que a segue é sonora; e vai ser produzida como surda – [s] ou [ʃ] – quando estiver diante de uma consoante surda, como é o caso de [ˈgɔʃtɐ] em que se tem a produção de [ʃ], já que a consoante [t] que a segue é surda.

> As transcrições fonéticas restritas apresentadas nos exemplos serão referentes ao falar florianopolitano que utiliza em coda silábica as fricativas alveopalatais (ʃ ʒ) e as velares (x ɣ).

5. Processo de harmonia vocálica: esse processo é um exemplo de processo assimilatório que acontece com vogais. Vejamos as transcrições da palavra 'menino':
   a. fonológica /meˈnino/
   b. fonética [miˈninʊ]

Analisando essas transcrições, vemos que as mudanças que ocorreram dizem respeito à vogal pré-tônica média-alta /e/ da palavra 'menino', que foi produzida como [i], assemelhando-se em altura à vogal tônica, resultando então em [miˈninʊ]. Percebemos assim que houve uma harmonização da altura da vogal pré-tônica (de [e] para [i]) em relação à vogal tônica da palavra ([i]). Essa harmonização ocorre também com as vogais altas [u], como podemos perceber na pronúncia da palavra 'coruja' /koˈruʒa/, que pode ser produzida como [kuˈruʒɐ].

Reestruturação silábica: esse processo ocorre quando há alteração na distribuição das consoantes e vogais, podendo esses segmentos serem inseridos ou eliminados. Dois segmentos podem então juntar-se, transformando-se em um único segmento, ou pode haver permuta entre eles.

1. A estrutura silábica básica e mais frequente do PB é CV, e assim muitos processos se aplicam a estruturas silábicas mais complexas transformando-as no padrão CV. Nesse caso, isso pode ocorrer quando, em grupos consonantais, uma das consoantes é eliminada. Vejamos um exemplo com a palavra 'livro':
   a. fonológica /ˈlivɾo/
   b. fonética [ˈlivʊ]

Na palavra 'livro', temos duas sílabas: CV.CCV. Na pronúncia da sílaba final CCV, o tepe pode ser eliminado e o resultado será [ˈlivʊ]. Assim, vemos que a sílaba final CCV com *onset* complexo transformou-se em CV, após a eliminação de uma consoante.

> Em Seara (1994), foi realizada uma pesquisa em que se fez um levantamento da frequência de ocorrência dos padrões silábicos do PB. A sílaba mais frequente foi CV, com 58,54%, seguida por CVC, com 19,60% e CCV, com 9,32% de ocorrência.

Essa transformação é exemplo de um processo de reestruturação silábica. Outros exemplos ocorrem na pronúncia de palavras como 'abóbora' e 'próprio' e têm como pronúncia [aˈbɔbɾɐ] e [ˈpɾɔpjʊ], respectivamente.

2. A permuta é outro processo de reestruturação silábica. Ela pode ser observada na palavra 'lagarto'.
   a. fonológica /laˈgaRto/
   b. fonética [laɣˈgatʊ]

Frequentemente, a palavra 'lagarto' /laˈgaRto/ (CV.CVC.CV) é pronunciada como [laɣˈgatʊ] (CVC.CV.CV) com uma mudança de lugar de um fonema na sua sequência fônica. Esse processo também envolve reestruturação silábica, pois a sílaba inicial da palavra 'lagarto', que era CV, passa a CVC, e a segunda sílaba, que era CVC, passa a CV. Temos outros exemplos de permuta nas palavras 'prateleira', pronunciada como [paxteˈlerɐ] ou ainda 'lagartixa', produzida como [laɣgaˈtiʃɐ].

Enfraquecimento e reforço: esse processo ocorre quando os segmentos são modificados de acordo com sua posição na palavra.

1. Apagamento: em palavras proparoxítonas (aquelas em que o acento recai na antepenúltima sílaba a contar do final da palavra), a penúltima vogal pode desaparecer, transformando a palavra em uma paroxítona. É o que se vê em algumas pronúncias da palavra 'fósforo'. Vejamos suas transcrições e assim a relação entre a forma subjacente e a sua forma de superfície:
   a. fonológica /ˈfɔSfoɾo/
   b. fonética [ˈfɔʃfɾʊ]

Nesse caso, ocorreu síncope, ou seja, uma vogal próxima a uma outra acentuada foi eliminada. Nessa produção, percebemos também o processo de reestruturação silábica, uma vez que as sílabas que constituem a palavra 'fósforo' – CVC.CV.CV – passam a CVC.CCV.

> Esse apagamento que ocorre em 'fósforo' [ˈfɔʃfɾʊ] ocorre também em palavras como 'abóbora' [aˈbobɾe] ou 'livro' [ˈlivʊ]. Dessa forma, essas palavras também se encaixam nesse processo, uma vez que há um apagamento e, consequentemente, a reestruturação silábica.

2. Reforço: vogais fortes (acentuadas) podem sofrer ditongação. Vejamos o que ocorre, por exemplo, nas transcrições das palavras oxítonas terminadas por sibilantes, como 'paz' e 'vocês':
   a. fonológica: /ˈpaS/ /voˈseS /
   b. fonética: [ˈpajʃ] [voˈsejʃ]

Em certos falares do PB, ocorre um processo de reforço com a inserção de uma semivogal; chamamos esse processo de ditongação. Aqui também observamos o processo de reestruturação silábica, já que as sílabas finais que compõem as palavras 'vocês' e 'paz' transformam-se de CVC para CVVʹC.

Neutralização: esse processo ocorre quando os segmentos se fundem em um ambiente específico.

Quando vogais não acentuadas aparecem em final de palavra, ocorre o processo chamado de neutralização. Por exemplo, o PB passa de sete vogais tônicas para apenas três (ou minoritariamente cinco) vogais em posição átona final, como vimos no Quadro 3 do capítulo "Fonética". Nesses casos, vogais finais não acentuadas /e/ e /i/ são, em sua grande maioria, pronunciadas como [ɪ], conforme se pode observar nas palavras 'júri' e 'jure'. Vejamos suas respectivas transcrições:

a) fonológica:
'jure'/'ʒuɾe/
'júri'/'ʒuɾi/
b) fonética
'jure' ['ʒuɾɪ]
'júri' ['ʒuɾɪ]

Nas transcrições fonéticas acima, vemos que ambas as palavras são produzidas como ['ʒuɾɪ], neutralizando-se o traço referente à altura vocálica entre /e/ e /i/ que distinguia as palavras 'júri' e 'jure' na representação subjacente. Lembrem-se de que /e/ é uma vogal média-alta anterior e /i/ é uma vogal alta anterior, ou seja, a diferença entre elas está na altura vocálica. Assim, esse processo pode ser observado na redução do número de vogais em posição átona final quando se neutralizam as diferenças entre as médias-altas e as altas.

No momento em que conseguimos determinar as condições sob as quais ocorre um processo fonológico, podemos então formular regras fonológicas. Passemos então a apresentar alguns desses processos, especificando melhor as condições em que eles ocorrem.

8.3. Regras fonológicas

Na formulação das regras fonológicas, ou melhor, quando os segmentos sofrem modificações, o que se quer saber é:

• quais segmentos foram modificados?
• quais modificações sofreram?
• sob quais condições se modificaram?

Formulando regras fonológicas, respondemos a essas questões determinando as condições em que ocorreu um processo fonológico. As regras a seguir usarão as notações apresentadas no Quadro 15.

Vejamos mais alguns dos processos fonológicos, além dos já apresentados anteriormente, mas agora visualizados em mais detalhes através de regras fonológicas.

8.3.1. MONOTONGAÇÃO

Monotongação é o processo pelo qual um ditongo passa a ser produzido como uma única vogal. Nesse caso, há um apagamento do glide.

Vamos fazer agora a transcrição das palavras apresentadas no Quadro 16, a seguir. Nele, podem ser observados os ambientes que favorecem o apagamento do glide.

Quadro 16: Exemplos de ambientes de ocorrência de monotongação dos ditongos decrescentes [ej] e [oj] no PB.

Exemplo	Transcrição fonética 🎧	Transcrição fonológica
peixe	[ˈpejʃɪ] ou [ˈpeʃɪ]	/ˈpeiʃe/
roteiro	[hoˈtejɾʊ] ou [hoˈteɾʊ]	/roˈteiɾo/
queijo	[ˈkejʒʊ] ou [ˈkeʒʊ]	/ˈkeiʒo/
freira	[ˈfrejɾɐ] ou [ˈfreɾɐ]	/ˈfreiɾa/
depois	[deˈpojʃ] ou [deˈpoʃ]	/deˈpoiS/

Avaliando os contextos presentes no Quadro 16, percebemos que se monotongam os ditongos seguidos de fricativas e de tepe (como, por exemplo, [deˈpoʃ], [ˈkeʒʊ], [ˈpeʃɪ] e [xoˈteɾʊ], [ˈfreɾɐ], respectivamente).

Assim, para a monotongação, ou seja, para o processo de apagamento da semivogal de um ditongo, primeiramente vamos apresentar a regra que transforma as vogais altas /i u/ em glides (semivogais). Depois então apresentaremos algumas regras para a monotongação dos ditongos.

$$
\begin{pmatrix} \text{-cons} \\ \text{+sil} \\ \text{+soante} \\ \text{+alto} \end{pmatrix} \longrightarrow \begin{pmatrix} \text{-cons} \\ \text{-sil} \\ \text{+soante} \end{pmatrix} \bigg/ \begin{pmatrix} \text{V} \\ \alpha\text{arred} \\ \alpha\text{alto} \end{pmatrix} \underline{\quad\quad}
$$

Esta regra especifica que as vogais altas /i u/ (traços: [-cons], [+sil], [+soante], [+alto]) transformam-se em glides [j w] (traços: [-cons], [-sil], [+soante])

α significa que tanto pode ser [-arredondado] quanto [+arredondado] ou tanto pode ser [+alto] quanto [–alto]. α é a representação de [±].

quando estão diante de vogais com os traços [±arred] e [±alto] na mesma sílaba – justamente o que acontece com as vogais das palavras do Quadro 16.

148

Avaliando os contextos de monotongação apresentados no Quadro 16, percebemos que se monotongam os ditongos [ej] e [oj], seguidos de fricativas e do tepe (por exemplo: [de'poʃ] e [xo'teru], respectivamente). Assim, propomos, para o processo de apagamento do glide [j] dos ditongos [ej] e [oj] diante de fricativas, a seguinte regra:

$$
\begin{pmatrix} V \\ \text{-cons} \\ \text{+sil} \\ \text{-alto} \\ \text{-baixo} \\ \text{+acento} \end{pmatrix} + V' \rightarrow V \Bigg/ \underline{\qquad} \begin{pmatrix} \text{+cons} \\ \text{-soante} \\ \text{+cont} \\ \text{+cor} \end{pmatrix}
$$

Esta regra estabelece que a sequência de vogais /e o/ (traços: [-cons], [+sil], [-alto], [-baixo]) seguidas do glide, tem esse glide apagado transformando-se em uma vogal simples. Isso ocorre quando essa sequência se encontra em sílaba acentuada diante de consoantes fricativas (traços [+cons], [-soante], [+cont], [+cor]).

8.3.2. ENFRAQUECIMENTO

Vamos agora observar a transcrição das palavras apresentadas no Quadro 17, a seguir. Nele, podem ser observados os ambientes que favorecem o enfraquecimento da vogal quando a sílaba passa de acentuada a não acentuada com o acréscimo de morfemas.

Quadro 17: Exemplos do processo de enfraquecimento vocálico.

Exemplo	Transcrição fonética 🎧	Transcrição fonológica
forma	['fɔɣmɐ]	/'fɔRma/
formoso	[foɣ'mozʊ]	/foR'mozo/
tela	['tɛlɐ]	/'tɛla/
tecelão	[tese'lẽw]	/tese'lão/

Assim, podemos apresentar a seguinte regra para dar conta do processo presente no Quadro 17:

$$
V \rightarrow \begin{matrix} \text{[-bx]} \\ \begin{pmatrix} \text{+bx} \\ \alpha\text{rec} \end{pmatrix} \end{matrix} \Bigg/ \underline{\qquad}_{\text{[-acento]}}
$$

149

Esta regra estabelece que vogais com os traços [+baixo] e [±recuado], /ɛ ɔ/, transformam-se em vogais com os traços [-baixo] e [±recuado] [e o], quando passam a sílabas não acentuadas (traço [-acento]), ao receberem o acréscimo de morfemas.

Vamos agora a mais um processo de enfraquecimento. Vejamos os exemplos apresentados no Quadro 18.

Quadro 18: Exemplos do processo de enfraquecimento vocálico.

Exemplo	Transcrição fonética 🎧	Transcrição fonológica
leque	[ˈlɛkɪ]	/ˈlɛke/
bolo	[ˈbolʊ]	/ˈbolo/
tudo	[ˈtudʊ]	/ˈtudo/
ele	[ˈelɪ]	/ˈele/

Para a consideração do processo exibido nas transcrições mostradas no Quadro 18, temos a seguinte regra:

$$V \rightarrow \begin{pmatrix} \text{-alto} \\ \text{-bx} \\ \alpha\text{rec} \\ \text{-acento} \end{pmatrix} \quad [+\text{alto}] \Big/ \underline{\quad} \#$$

Esta regra especifica que vogais com os traços [-baixo] e [-alto], [±recuado], /e o/, em sílabas não acentuadas (traço [-acento]), transformam-se em vogais com os traços [-baixo] e [+alto], [±recuado], [ɪ ʊ], quando se encontram em posição final de palavra (por exemplo: lequ/e/ a lequ[ɪ] e bol/o/ a bol[ʊ]).

8.3.3. ASSIMILAÇÃO

Vamos agora observar as transcrições presentes no Quadro 19.

Quadro 19: Exemplos do processo de assimilação de nasalidade.

Exemplo	Transcrição fonética 🎧	Transcrição fonológica
cama	[ˈkẽmɐ]	/ˈkama/
cana	[ˈkẽnɐ]	/ˈkana/
ganha	[ˈgẽɲɐ]	/ˈgaɲa/

ganhador	[gɐ̃ɲaˈdox]	/gaɲaˈdoR/
sono	[ˈsõnʊ]	/ˈsono/
sonho	[ˈsõɲʊ]	/ˈsoɲo/
unha	[ˈũɲɐ]	/ˈuɲa/
pinha	[ˈpĩɲɐ]	/ˈpiɲa/

Nos exemplos exibidos no Quadro 19, vemos que uma vogal oral transforma-se em nasalizada quando está diante de uma consoante nasal no *onset* da sílaba que segue essa vogal oral, como observamos nas palavras 'cama' e 'pinha'. Vejamos a regra que estabelece esse processo:

$$V \rightarrow \quad [\text{+nasalizada}] \quad / \underline{\qquad} \cdot \begin{pmatrix} C \\ \text{+nas} \end{pmatrix}$$

Passemos agora ao processo de palatização.

8.3.4. PALATIZAÇÃO

Para apresentarmos a regra que especifica o processo de palatização, vamos observar as transcrições mostradas no Quadro 20.

Quadro 20: Exemplos do processo de palatização.

Exemplo	Transcrição fonética ⓠ (dialeto carioca)	Transcrição fonológica
tipo	[ˈtʃipʊ]	/ˈtipo/
disco	[ˈdʒiʃkʊ]	/ˈdiSko/
dado	[ˈdadʊ]	/ˈdado/
dedo	[ˈdedʊ]	/ˈdedo/
tapa	[ˈtapɐ]	/ˈtapa/
toldo	[ˈtowdʊ]	/ˈtoldo/
tudo	[ˈtudʊ]	/ˈtudo/

O que vemos nas produções presentes no Quadro 20 é que segmentos tornam-se palatais ao adquirir uma articulação chamada de africada quando estão diante de vogais altas, pois o posicionamento da língua para a emissão da vogal pode se sobrepor ao gesto consonantal da consoante adjacente. Isso acontece nas palavras 'tipo' e 'disco', produzidas como ['tʃipʊ] e ['dʒiʃkʊ], respectivamente.

$$
\begin{pmatrix} -\text{cont} \\ +\text{cor} \\ +\text{ant} \\ -\text{alto} \end{pmatrix} C \rightarrow \begin{matrix} [+\text{alto}] \\ [+\text{solt ret}] \end{matrix} \Bigg/ \underline{\hspace{2cm}} \begin{pmatrix} -\text{rec} \\ +\text{alt} \end{pmatrix} V
$$

A regra apresentada estabelece que consoantes com os traços [-contínuo], [+coronal], [+anterior] e [-alto] (/t/ e / d /) transformam-se em consoantes com traço [+alto] e [+soltura retardada] ([tʃ] e [dʒ]), quando diante de vogais com os traços [+alto] e [-recuado] ([i, ɪ]). Diante das outras vogais, essas consoantes não se transformam em africadas.

Vamos então ao processo de labialização.

8.3.5. LABIALIZAÇÃO

Há uma articulação secundária, que é a labialização. Vejamos os dados mostrados no Quadro 21.

Quadro 21: Exemplos do processo de labialização.

Exemplo	Transcrição fonética 🎧	Transcrição fonológica
osso	['osʷʊ]	/'oso/
uso	['uzʷʊ]	/'uzo/
Oto	['ɔtʷʊ]	/'ɔto/

$$
/C/ \rightarrow \begin{matrix} C \\ +\text{arr} \end{matrix} \Bigg/ \begin{matrix} V \\ +\text{arr} \end{matrix} \underline{\hspace{2cm}} \begin{matrix} V \\ +\text{arr} \end{matrix}
$$

A regra de labialização especifica que o traço [+arr] é acrescentado a uma consoante quando esta é antecedida e seguida por vogais com o traço [+arr], como é o caso de 'osso', produzido como ['osʷʊ], ou ainda 'uso', pronunciado como ['uzʷʊ].

Passemos agora ao processo de assimilação de vozeamento.

8.3.6. VOZEAMENTO

Observando o Quadro 22, podemos verificar em que condições ocorre o processo de sonorização e que segmentos são afetados por esse processo.

Quadro 22: Exemplos do processo de vozeamento.

Exemplo	Transcrição fonética ๏	Transcrição fonológica
gordo	[ˈgoɣdu]	/ˈgoRdo/
engasgo	[ẽjˈgaʒgu]	/ẽˈgaSgo/
mesmice	[meʒˈmisɪ]	/meSˈmise/

Considerando as transcrições fonológicas e fonéticas (representações subjacentes e de superfície, respectivamente), para dar conta do processo de sonorização, apresentamos a seguinte regra:

$$
\begin{pmatrix} +\text{cons} \\ -\text{soant} \\ +\text{cor} \\ -\text{son} \end{pmatrix} \rightarrow \left(+\text{son} \right) \bigg/ \underline{\qquad} \begin{array}{c} \bullet \\ \# \end{array} \begin{pmatrix} +\text{cons} \\ +\text{son} \end{pmatrix}
$$

Essa regra estabelece que uma consoante com os traços [-soante, +coronal, -sonoro] adquire o traço [+sonoro] em final de sílaba (.) ou de palavra (#) quando estiver diante de uma consoante [+sonoro] na sílaba seguinte, conforme se observa na produção da palavra 'mesmice' ([meʒˈmisɪ]).

Agora vamos aos processos de inserção.

8.3.7. INSERÇÃO OU EPÊNTESE

Sempre que há acréscimo de um segmento à forma básica de um morfema, temos um processo de inserção ou epêntese. Consideremos então os dados presentes no Quadro 23.

Quadro 23: Exemplos do processo de ditongação.

Exemplo	Transcrição fonética ๏	Transcrição fonológica
três	[ˈtɾejʃ]	/ˈtreS/
dez	[ˈdɛjʃ]	/ˈdɛS/
mas	[ˈmajʃ]	/ˈmaS/
xadrez	[ʃaˈdɾejʃ]	/ʃaˈdreS/

153

$$\varnothing \rightarrow \begin{pmatrix} \text{-sil} \\ \text{-cons} \\ \text{+alt} \\ \text{-rec} \\ \text{+arre} \end{pmatrix} / \begin{pmatrix} V \\ \text{+acento} \end{pmatrix} \underline{\qquad} \begin{pmatrix} \text{+cons} \\ \text{+cor} \\ \text{+estr} \end{pmatrix} \#$$

Essa regra prevê que haverá a inserção de um segmento [-silábico, -consonantal, +alto, -recuado, -arredondado], ou seja, [j], quando uma consoante [+cor, +estr] em posição final de palavra for antecedida por uma vogal acentuada. Temos como exemplo as palavras apresentadas no Quadro 23. Esse processo de inserção, como já vimos, é denominado ditongação.

O processo de epêntese é um processo de reforço, no qual temos o acréscimo de uma vogal para desfazer encontros consonantais em palavras do PB, como, por exemplo, em 'afta' ou 'advogado', desfazendo a ocorrência de codas inexistentes na língua. Nesses casos, se não houver a inserção de uma vogal, teremos as sílabas 'af' em 'af.ta' e 'ad' em 'ad.vo.ga.do'. Se voltarmos à coda silábica no PB (na seção "Coda silábica"), vemos que as consoantes /f/ e /d/ não são esperadas em coda no PB. Por essa razão, a inserção serve para desfazer esses grupos heterossilábicos, criando uma nova sílaba CV em ['a.fi.tɐ] e [a.di.vo.'ga.dʊ]. Vejamos o Quadro 24.

Quadro 24: Exemplos do processo de epêntese.

Exemplo	Transcrição fonética ⚘	Transcrição fonológica
afta	['afitɐ]	/'afta/
advogado	[adivo'gadʊ] [adevo'gadʊ]	/advo'gado/
psicologia	[pisikolo'ʒiɐ]	/psikolo'ʒia/

8.3.8. HARMONIA VOCÁLICA

É um tipo de assimilação que torna as vogais mais semelhantes entre si. A harmonia vocálica é um processo que consiste em a vogal pré-tônica assimilar um ou mais traços da vogal da sílaba imediatamente seguinte como, por exemplo, em v[i]stido, m[i]nino e c[u]ruja.

Consideremos os exemplos apresentados no Quadro 25.

Quadro 25: Exemplos do processo de harmonia vocálica.

Exemplo	Transcrição fonética ◐	Transcrição fonológica
vestido	[vis'tidʊ]	/veS'tido/
menino	[mi'ninʊ]	/me'nino/
coruja	[ku'ɾuʒɐ]	/ko'ɾuʒa/
conseguir	[kõsi'gix]	/koNse'giR/

$$
\begin{array}{c}
V \\
[\text{-baixo}] \\
[\text{-acento}]
\end{array} \rightarrow [\text{+alto}] \bigg/ \underline{\hspace{1cm}} \left(\begin{array}{c} V \\ \text{+acento} \\ \text{+alto} \end{array} \right)
$$

No processo de harmonia vocálica, uma vogal não acentuada assume o mesmo valor do traço da vogal acentuada que a segue, geralmente o traço [+alto]. Esse processo também é chamado de alteamento (ou elevação) de vogal com motivação aparente. A motivação seria a vogal alta presente na posição tônica. Nos exemplos exibidos no Quadro 25, se a vogal tônica tiver o traço [+alto], a vogal pré-tônica também assumirá o traço [+alto], como acontece em v[i]stido, m[i]nino, c[u]ruja e cons[i]guir.

8.3.9. SÂNDI EXTERNO

Sândi é um processo que ocorre nas fronteiras de palavra. Consiste na transformação de estruturas silábicas causada, em geral, pela queda de vogais. Vamos observar os exemplos de sequências de palavras no Quadro 26, a seguir.

Quadro 26: Exemplos do processo de sândi externo.

Exemplo	Transcrição fonética ◐	Transcrição fonológica
uma amiga	[uma'migɐ]	/'uma a'miga/
ferro usado	[fɛxu'zadʊ]	/'fɛro u'zado/
casa azul	[kaza'zuw]	/'kaza a'zul/

$$
/V/ \rightarrow \emptyset / \underline{\hspace{1cm}} \# V
$$
[-acento]

Pelo processo de sândi, uma vogal átona em final de palavra é eliminada quando a palavra que a segue também começa por uma vogal. Nos

155

exemplos do Quadro 26, percebemos que o ambiente para a elisão da vogal átona final da primeira palavra é a palavra seguinte se iniciar também por vogal. Nesse caso, [a], em [aˈmigɐ], ocupa o núcleo da sílaba que teve sua vogal elidida. Quando isso acontece, há uma reestruturação da sílaba que continha a vogal eliminada, como vemos em [umaˈmigɐ]. Vejamos a regra de reestruturação silábica a seguir.

/ˈu	m	a/	#	/a	ˈm	i	g	a/	→	[u	m	a	ˈm	i	g	ɐ]
v.	c	v.		v.	c	v.	c	v		v.	c	v.	c	v.	c	v
1	2	3		4	5	6	7	8		1	2	4	5	6	7	8

Nessa regra, vemos que a vogal que ocupa a posição 3, núcleo da sílaba 'ma' da palavra 'uma', é apagada (elidida) e que a primeira vogal átona da palavra 'amiga' que a segue – a da posição 4 – ocupa a posição de núcleo silábico da vogal 3 que foi elidida. Assim, percebemos o processo de reestruturação silábica de V.CV#V.CV.CV para V.CV.CV.CV.

* * *

Este capítulo foi bastante denso e, por isso, tentamos, na medida do possível, apresentar os conceitos nele discutidos com exemplos que auxiliassem a compreensão de seu conteúdo. A noção de traços distintivos não é simples, mas acreditamos que a partir do detalhamento que apresentamos de cada um deles, será possível visualizar de forma mais clara todas as alterações ocorridas. Tratamos dos conceitos fundamentais da Fonologia, dos sistemas vocálicos e consonantais do PB, das sílabas, do acento e ainda apresentamos as matrizes fonéticas de traços distintivos que permitem recuperar os segmentos que compartilham traços fonéticos, a partir das alterações dos traços que são assimilados pelos segmentos envolvidos no processo, ou que se modificam em função de sua posição na palavra, ou que alteram a sua distribuição.

No capítulo seguinte, veremos como os conceitos vistos até aqui podem ser usados em contextos práticos de ensino e aprendizagem.

Leituras sugeridas

CÂMARA Jr. Joaquim Mattoso. *Estrutura da língua portuguesa*. 16. ed. Petrópolis, RJ: Vozes, 1986.
    Este é um texto clássico que deve ser lido por todos os interessados na Fonética e na Fonologia do português brasileiro. O autor inicia a reflexão com a noção de gramática para, em seguida, tratar da Fonologia e do sistema de vogais e consoantes do português, assim como da estrutura da sílaba.

BISOL, Leda. *Introdução a estudos de fonologia do português brasileiro*. 3. ed. Porto Alegre: EdiPUCRS, 2001.

Neste texto, são apresentadas propostas teóricas desde Câmara Jr. até a Fonologia Gerativa de Chomsky e Halle e, para aqueles que querem ir além, trata ainda da Teoria da Otimidade. Nele, é discutida também a teoria da sílaba e o acento no PB, apresentando ainda os sistemas vocálico e consonantal de nossa língua.

CAGLIARI, Luiz Carlos. *Análise fonológica*: introdução à teoria e à prática com especial atenção para o modelo fonêmico. Campinas: Mercado das Letras, 2002.

Neste texto, o autor apresenta algumas noções básicas de Fonética e Fonologia, mostra como desenvolver uma análise fonológica, as propriedades distintivas dos fonemas e os processos fonológicos.

ISTRE, Giles L. *Fonologia transformacional e natural*: uma introdução crítica. Florianópolis: Núcleo de Estudos Linguísticos, 1983.

Neste texto, são apresentadas as contribuições de Trubetzkoy e Jakobson, concernentes às oposições fonológicas. Ele apresenta ainda traços com características prosódicas, indo até os traços apresentados por Chomsky e Halle de características articulatórias, fundamentalmente. Também apresenta alguns dos processos fonológicos e suas convenções de notação.

CRISTÓFARO-SILVA, Thaïs. *Fonética e fonologia do português*: roteiro de estudos e guia de exercícios. 6. ed. São Paulo: Contexto, 2002.

Neste texto, é apresentado um capítulo sobre Fonêmica, os conceitos de fonema e alofone, os procedimentos para uma análise fonêmica e os sistemas consonantal e vocálico do português. Trata também da estrutura silábica do PB. Para apresentação desses conteúdos, a autora traz inúmeros exemplos e exercícios que levam os leitores ao entendimento dos conceitos e fenômenos tratados. Traz ainda uma discussão sobre modelos fonológicos, na qual apresenta a Fonologia Gerativa padrão e alguns dos processos fonológicos.

Exercícios

1. Estabeleça, a partir da lista de palavras abaixo, quais são os sons com *status* de fonema, relacionando-os aos pares mínimos encontrados. Primeiramente, faça a transcrição fonética dos dados. Em seguida, observe quais são os ambientes comuns e, por fim, identifique os sons diferentes conforme a Tabela 1. Siga o exemplo:

chato	dito
cato	morre ['mɔxɪ]
dato	porre ['pɔxɪ]
morro	tinta
torro	cinta
vela	aro
velha	jato
Vera	fera

Tabela 1

Pares mínimos	morre [ˈmɔxɪ] porre [ˈpɔxɪ]			
Ambiente comum	___ ɔxɪ			
Sons diferentes	m			
	p			

2. Identifique, pelo menos, três alofones na transcrição a seguir e diga se são variantes livres ou posicionais.

[idẽtʃiˈfikɪʊzaloˈfonɪʒnɐtrẽʃkriˈsẽwaseˈgix//ɪˈdʒigɐ//sɪˈsẽwvariẽ tʃɪʒˈlivrɪˈzowpozisjoˈnajʃ]

3. Agora, usando as informações obtidas até aqui, você já é capaz de fazer o levantamento, através de uma análise fonológica, dos **fonemas consonantais** do PB. Para isso, considere que seu *corpus* de análise encontra-se no **Quadro 1**, a seguir. Faça a transcrição fonética dos dados do *corpus* e veja quais são as consoantes que podem ser consideradas com *status* de fonemas no PB a partir desse *corpus*.

Quadro 1: *Corpus* para análise fonêmica.

Corpus para Análise					
	Transcrição		Transcrição		Transcrição
pato		fato		gato	
bato		velha		assa	
topa		sono		sonho	
dopa		cato		fera	
fado		dito		minha	
nano		vela		mano	
Tito		mima		Vera	
asa		haja		acha	

Lembre-se de que, para o levantamento dos fonemas, é preciso encontrar pares mínimos ou análogos. Para ajudá-lo, retomamos a seguir os critérios para a consideração de **sons foneticamente semelhantes**.

som vozeado e seu correspondente não vozeado	t/d – p/b – k/g – tʃ/dʒ – f/v – s/z – ʃ/ʒ – x/ɣ – h/ɦ
som oclusivo e sons fricativos e africados com o mesmo ponto de articulação	t/s – d/z – t/tʃ – d/dʒ – ʃ/tʃ – ʒ/dʒ
sons fricativos com ponto de articulação muito próximo	s/ʃ – z/ʒ – x/h – ɣ/ɦ
as nasais entre si	m/n – m/ɲ – n/ɲ
as laterais entre si	l/ʎ – l/ɫ
as vibrantes entre si	ɾ/r
sons laterais, vibrantes e o tepe (tap)	ɾ/l – l/r

Agora, liste pelo menos 4 **pares mínimos** que possam atestar o *status* de **fonema** aos sons que diferenciam as duas palavras que compõem esses pares mínimos como no exemplo apresentado no Quadro 2, a seguir. Quando houver alofones, também os identifique.

Quadro 2: Fonemas consonantais do PB.

Sons Foneticamente Semelhantes	Transcrição ortográfica	Transcrição fonética	Fonemas
t/d	topa/dopa	[ˈtɔpɐ][ˈdɔpɐ]	/t/ – /d/

4. Descreva estruturalmente as consoantes a seguir a partir de seus traços fonológicos.

/t/

/p/

/f/

/ʒ/

/z/

/ɾ/

5. Faça a transcrição fonética de suas produções de "r" nos vocábulos apresentadas no Quadro 3.

Quadro 3: Distribuição do "r-forte" e "r-fraco".

Palavras	Transcrição fonética	Transcrição fonológica
catar		
querido		
tranquilo		
guria		
guerra		
guarda		
gostar		
girafa		
caro		
rota		
prato		
corta		
ator		
honra		
carreta		
prefere		

6. Quais são as variantes que o seu dialeto apresenta?

7. Faça a transcrição fonética e fonológica das palavras com vogais nasais, conforme o exemplo apresentado no Quadro 4.

Quadro 4: Vogais nasais.

Palavras	Transcrição fonológica	Transcrição fonética
manta	/ˈmaNta/ /ˈmãta/	[ˈmãtɐ]
ponta		
quilombo		
encontro		
limbo		

8. Separe e classifique as sílabas das palavras apresentadas no Quadro 3 quanto ao seu tipo silábico, como no exemplo: 'catar' /ka.taR/ CV.CVC.

9. Faça a transcrição fonética das palavras a seguir, identifique a sílaba tônica e classifique-as como oxítonas, paroxítonas e proparoxítonas.

Vocábulos	Transcrição fonética
astecas	
doloridos	
pasta	
cósmica	
cafezinho	
desdém	
eficaz	
belas	

10. Observando os traços fonológicos apresentados no capítulo "Fonologia", aponte quais traços distinguem somente as consoantes /p/ e /b/.

Veja um exemplo dos traços que definem somente as fricativas /s/ e /z/.

consonantal	p	b	t	d	k	g	f	v	s	z	ʃ	ʒ	ʳ	ɾ	l	ʎ	m	n	ɲ
estridente							f	v	s	z	ʃ	ʒ							
anterior							f	v	s	z									
coronal									s	z									

Se quiséssemos distinguir /s/ de /z/, o traço necessário seria o [-vozeado], já que /z/ é [+vozeado].

Observe a consoante /s/ e a sua descrição estrutural:

/s/

$$\begin{pmatrix} +\text{consonantal} \\ +\text{estridente} \\ +\text{anterior} \\ +\text{coronal} \\ -\text{vozeado} \end{pmatrix}$$

Veja a vogal /a/ e a sua descrição estrutural:

/a/

$$\begin{pmatrix} +\text{silábico} \\ +\text{baixo} \\ +\text{recuado} \\ -\text{arredondado} \end{pmatrix}$$

Agora descreva pelos traços distintivos as vogais posteriores.

11. Classifique os processos que ocorrem nas sequências abaixo.
- a. lápis branco:
- b. despesas pagas:
- c. pinta, canga e acampa:
- d. livro – livo:
- e. lagarto – largato:
- f. fósforo – fosfru:
- g. cratera – cartera:
- h. pirulito – pilurito:

A FONÉTICA, A FONOLOGIA E O ENSINO

Objetivo geral do capítulo:

➲ refletir sobre o ensino e as metodologias de alfabetização e apresentar algumas estratégias de ensino com base na Fonética e na Fonologia.

Objetivos de cada seção:

➲ 1: apresentar como as noções de Linguística podem colaborar com o letramento.
➲ 2: demonstrar a importância dos conhecimentos fonéticos para profissionais que participam da fase de aquisição da linguagem.
➲ 3: despertar para a discussão sobre o preconceito linguístico ligado aos fenômenos fonéticos.

Neste capítulo, mostraremos como os conteúdos tratados neste livro podem ser retomados em situações de ensino, e como esses conteúdos são relevantes para os profissionais que atuam nas escolas. Iniciamos com uma pequena reflexão sobre o ensino e as metodologias de alfabetização para, ao final do capítulo, apresentarmos algumas estratégias de ensino com base nos conteúdos discutidos aqui.

Nosso intuito não é uma discussão sobre a natureza e/ou elaboração de métodos, mas sim como alguns deles podem utilizar de modo interessante o conteúdo de Fonética e Fonologia.

1. UMA PEQUENA REFLEXÃO PEDAGÓGICA

Começar a pensar a formação dos profissionais da Educação deve ser o primeiro passo para a transformação do ensino. Por isso, é importante que as áreas das ciências consigam interagir com a sala de aula e com os profissionais que nela atuam. É preciso fazer com que os resultados das pesquisas cheguem aos professores que estão em sala de aula, visando assim mudar o quadro educacional que temos hoje. Mas, infelizmente, o que assistimos é o distanciamento entre a teoria acadêmica e a prática dos profissionais. Ao final de longos anos de estudo, licenciados e bacharéis se lançam no mercado de trabalho sem saber o que fazer com toda aquela bagagem adquirida na academia. Adentrar o mercado de trabalho não significa continuar a investigação em busca de respostas para os problemas com os quais lidava até então, e o profissional se dá conta de que tudo o que foi visto na academia não se encaixa na realidade em que ele vai atuar. É preciso recomeçar do zero, criando suas próprias estratégias ou buscando, em um passado longínquo, as atividades executadas por seus professores. Temos, então, a repetição das mesmas práticas em um tempo que já não é mais o mesmo.

É preciso que certas áreas, como a Fonética e a Fonologia, que ocupam as grades curriculares de vários cursos de graduação, tenham, além do seu valor científico para pesquisas na área da Linguística, uma função no mundo concreto daqueles que estarão em ambientes escolares. Primeiramente, é preciso que o futuro professor encontre um sentido para aprender tais conceitos e que, em um segundo momento, seja capaz de tirar o insumo dessas disciplinas a ponto de que seu conhecimento ampliado possa ser útil na sua profissão.

1.1. A Fonética e a Fonologia no campo da Pedagogia

A nova meta do Ministério da Educação (MEC) é que, através do Pacto Nacional pela Alfabetização na Idade Certa (PNAIC), todas as crianças estejam alfabetizadas até os 8 anos de idade. Todas as redes municipais e estaduais terão de aderir ao programa e receberão recursos e apoio para que o governo possa colher índices mais positivos para a Educação nas próximas avaliações de desenvolvimento educacional.

O que, afinal, a Fonética e a Fonologia tem a ver com isso? Ora, ambas são áreas que estão diretamente envolvidas com o processo de alfabetização/letramento. Se nós queremos que os índices de letramento aumentem

> Scliar-Cabral (2003) define 'grafema' como uma ou duas letras que representam um fonema. Assim, por essa definição, enquanto os dígrafos correspondem a um grafema, a letra 'h' de palavras como 'homem' e 'hoje' não corresponde a nenhum grafema.

e que, com isso, asseguremos o direito do cidadão a ter acesso ao mundo letrado, é preciso que olhemos para todos os elementos que podem influenciar no desempenho dos alunos. A partir do momento que começamos a refletir sobre as letras, sobre a relação entre grafemas e fonemas e o papel que ocupam na palavra, na frase e no discurso, começamos a repensar o modo como ensinamos ou o modo como podemos aprender a ler e a escrever.

É preciso pensar estratégias que tornem menos árduos esses processos e que motivem os estudantes a ver esse mundo que se descortina diante deles.

1.1.1. ALFABETIZAÇÃO PELO VIÉS DA LINGUÍSTICA

Durante os quatros anos de graduação, o futuro pedagogo e professor se prepara para alfabetizar, ou melhor, para "letrar". Sim, letrar. A noção de letramento vem substituir o ensino mecânico da transposição da forma sonora da fala à forma escrita. É preciso fazer com que a criança experimente e domine práticas de leitura e escrita que circulam na nossa sociedade. A alfabetização é um componente do letramento, pois o processo vai além da codificação de fonemas e decodificação de grafemas, assimilação do sistema alfabético e ortográfico da língua.

O profissional que se dedica ao ensino deve saber dosar alfabetização e letramento, o que não tem sido tarefa fácil. Não é fácil porque, ao longo dos anos, ouvimos mais sobre o que não se deve fazer do que sobre o que efetivamente se deve fazer em sala de aula. É praticamente normal ficar aturdido com a queixa aos métodos sintético, silábico, fônico, global etc. Mas o que seguir afinal?

Será que definir um método a seguir é o mais importante? Cremos que não. Primeiramente, o professor deve conhecer de fato o objeto que ensina. Por exemplo, já perguntamos inúmeras vezes aos alfabetizadores quantas vogais existem no sistema fonológico do português e eles prontamente respondem que são cinco. Parece básico que um professor das séries iniciais já deva ter refletido sobre termos pelo menos sete vogais orais. Se ele ensina a língua, deve conhecê-la nas mais ricas de suas minúcias e, além disso, deve incorporar todas as metodologias e os postulados teóricos com o intuito de fazer um trabalho diferenciado, explorando o melhor do que ouviu e leu sobre as abordagens de ensino das línguas naturais.

A proposta então é que, primeiro, o professor conheça o conteúdo da área em que atua, em segundo lugar que reflita sobre como o aluno decodifica o código, isto é, como se dá esse processo de aprendizagem, e depois investigue e teste a capacidade do aluno de elaborar hipóteses sobre o que está decodificando e quais estratégias estimulam essas descobertas. Vamos ver melhor como podemos fazer isso.

1.1.2. RELAÇÃO GRAFEMA/FONEMA, POR QUE NÃO?

Ensinar pressupõe um ou mais métodos, mas é preciso que encaremos a palavra método como experiências propiciadas ou vividas, pois o que realmente faz diferença é saber o que aproveitar e adaptar dos materiais e das abordagens que são seguidas. É fundamental que o professor se posicione diante do método como um investigador crítico que seleciona, rejeita e implementa o material adotado.

A proposta de desvendar o código linguístico não deve ser um método a ser adotado solitariamente, mas sim uma dentre outras tentativas de tornar menos árduo e menos lento o aprendizado da leitura e da escrita, e ser, ao mesmo tempo, mais eficaz e produtivo. A consciência fonológica já é uma habilidade observada em crianças de 3 a 4 anos e que vem sendo estudada há várias décadas no mundo todo, especialmente na

> Consciência fonológica é definida como a capacidade metalinguística que possibilita a análise consciente das estruturas formais da língua. Essa capacidade compreende dois níveis: consciência de que a língua falada pode ser segmentada em unidades distintas – a frase pode ser segmentada em palavras, as palavras, em sílabas e as sílabas, em fonemas – e consciência de que essas unidades podem ser repetidas na língua. A consciência fonológica compreende a consciência da sílaba e a dos fonemas.

sua relação com a alfabetização e aquisição da língua escrita. A capacidade de refletir sobre os sons da língua, que, em crianças pequenas, manifesta-se pela percepção de rimas e pela segmentação de palavras em sílabas, num futuro próximo estará associada com a prática da leitura. Vários estudos têm demonstrado que jogos linguísticos que trabalham habilidades fonológicas em pré-escolares são caminhos para bons desempenhos em leitura (Liberman et al., 1988, apud Godoy, 2008; Dehaene, 2012; Morais et al., 1979; 1986, apud Godoy, 2008; Cagliari, 1996, dentre outros).

Godoy (2008), buscando saber em que medida a alfabetização pode se beneficiar do nível de consciência fonológica – habilidade atrelada à leitura e à escrita –, realizou uma pesquisa com dois grupos de crianças com idade inicial de 5 anos e 9 meses, expostos durante um ano a dois métodos de ensino distintos (construtivista e correspondência grafema/fonema). As crianças foram submetidas a tarefas fonológicas de subtração e inversão no nível silábico e fonêmico em dois momentos, no começo do ano, antes da pré-alfabetização, e no final do ano, depois do término da pré-escola.

A atividade de subtração silábica consistiu em uma avaliação composta por dez logatomas (pseudopalavras) com estrutura CVCV (consoante – vogal – consoante – vogal). A criança deveria subtrair a sílaba final do estímulo apresentado e dizer o que restou (exemplo de estímulo: 'bazu'; resposta esperada: 'ba').

A tarefa de inversão silábica apresentava dez itens CVCV, dos quais os dois primeiros eram palavras e os demais eram logatomas. A criança deveria dizer o que resultava da inversão das sílabas do estímulo apresentado (exemplo de estímulo: 'boca'; resposta esperada: 'cabo' ou 'cabô').

A subtração fonêmica apresentava dez logatomas com estrutura CVC e a criança deveria subtrair, mentalmente, o fonema inicial (exemplo de estímulo: 'pes'; resposta esperada: 'es'). Por fim, a atividade de inversão fonêmica contemplava cinco logatomas com estrutura CV e cinco com estrutura VC. A criança deveria inverter os fonemas mentalmente e dizer o que resultava (exemplo de estímulo: 'is'; resposta esperada: 'si').

Os resultados da pesquisadora demonstraram que ambos os grupos apresentaram crescimento nas habilidades fonológicas da primeira coleta para a segunda, tanto no nível silábico quanto no nível fonêmico. Entretanto, o crescimento das habilidades fonêmicas foi mais acentuado para o grupo que tinha focado a aprendizagem grafema/fonema. A autora afirma que, nos últimos trinta anos, as pesquisas têm demonstrado que a consciência fonêmica está estreitamente relacionada ao sucesso da aprendizagem da leitura e da escrita alfabética e que, embora a habilidade não seja um pré-requisito, ela determina em alguma medida a formação de bons e maus leitores. Acrescenta que, para aqueles envolvidos no processo de alfabetização, tais dados podem significar a diferença diante das dificuldades de aprendizagem. Então, por que não ensinar as relações grafema/fonema?

Vamos retomar aqui os dados dos Quadros 1 e 2 apresentados no capítulo "Introduzindo a Fonética e a Fonologia", nos quais são apresentadas apenas as correspondências entre letras e sons (fones). Agora que todos já conhecem tanto os fones quanto os fonemas e perceberam a importância de entendermos essas correspondências, apresentaremos, nos Quadros 1 e 2, a seguir, as relações entre grafemas, fones e fonemas de vogais e consoantes do PB. Vejamos:

Quadro 1: Correspondências entre grafemas, fones e fonemas relativo às vogais do PB.

Grafema	Exemplos	Fone	fonema
\<a\> – \<á\> – \<à\>	ata – pássaro – à – atar	[a]	/a/
\<a\> átono em final de palavra	seita	[ɐ]	/a/
\<am\> – \<an\> – \<ã\> –	amplo – canta – irmã – cantado – acampado	[ẽ]	/aN/
\<e\> – \<ê\>	lemos – êxito – fechado	[e]	/e/
\<e\> átono em final de palavra	ele	[ɪ]	/e/
\<e\> – \<é\>	pede – sério – cafezinho	[ɛ]	/ɛ/
\<em\> – \<en\>	exemplo – entre – entregue – embelezar	[ẽ]	/eN/
\<i\> – \<í\>	ida – sítio – vivido	[i]	/i/
\<i\> átono junto a outra vogal	sai	[j]	/i/
\<im\> – \<in\>	impor – cinto – imposto – tintura	[ĩ]	/iN/
\<o\> – \<ô\>	cantor – cômodo – tomate	[o]	/o/
\<o\> átono em final de palavra	pato	[ʊ]	/o/
\<o\> – \<ó\>	pode – ódio – bolinha	[ɔ]	/ɔ/
\<om\> – \<on\>	tombo – onde – tombado – condena	[õ]	/oN/

<u> – <ú>	uva – úvula – espátula	[u]	/u/
<u> átono junto a outra vogal	mau	[w]	
<um> – <un>	umbigo – juntar – junto	[ũ]	/uN/

Aqui apresentamos as vogais nasais
com base na teoria bifonêmica (VN),
porque a ortografia é baseada nessa
representação fonológica.

Quadro 2: Correspondências entre grafemas, fones e fonemas relativos às consoantes do PB.

Grafema	Exemplos	Fones	Fonemas
<p>	pato	[p]	/p/
<b>	bato	[b]	/b/
<t>	todo	[t]	/t/
<t> seguido de <i>	tia	[tʃ]	/t/
<d>	data	[d]	/d/
<d> seguido de <i>	dia	[dʒ]	/d/
<f>	faca	[f]	/f/
<v>	vaca	[v]	/f/
<c> seguido de <a>, <o>, <u>	cota	[k]	/k/
<c> seguido de <e>, <i>	cinema	[s]	/s/
<qu> (com 'u' não pronunciado)	quilo	[k]	/k/
<qu> (com 'u' pronunciado)	quase	[kw]	/kʷ/
<k>	Kátia	[k]	/k/
<ch>	chato	[ʃ]	/ʃ/
<nh>	ganho	[ɲ]	/ɲ/
<lh>	talho	[ʎ]	/ʎ/

<m> em início de sílaba	moda	[m]	/m/
<n> em início de sílaba	nada	[n]	/n/
<rr>	corrida (depende do dialeto)	[x] [r] [h] [ʀ]	/r/
<r> em início de palavra	roda (depende do dialeto)	[x] [ɣ] [r] [h] [ɦ] [ʀ]	/r/
<r> entre vogais ou em encontros consonantais <pr>, <vr>, etc.	aro – prato	[ɾ]	/ɾ/
<r> em final de sílaba	par (depende do dialeto)	[r] [x] [ɣ] [h] [ɦ] [ɻ][ɽ] [χ] [ɾ]	/R/
<s> em início de palavra	saco	[s]	/s/
<s> entre vogais	casa	[z]	/z/
<s> em final de sílaba	cós – mesmo – gosta (depende do dialeto)	[s] [z] [ʃ] [ʒ]	/S/
<ç>	caça	[s]	/s/
<ss> entre vogais	disse	[s]	/s/
<xc>	exceção	[s]	/s/
<xs>	exsudar	[s]	/s/
<sc>	nascer	[s]	/s/

<sç>	nasço	[s]	/s/
<x>	enxada	[ʃ]	/ʃ/
<x>	explicar (depende do dialeto)	[s] [ʃ]	/S/
<x>	exame	[z]	/z/
<x>	táxi	[ks]	/ks/
<z> início de sílaba	zebra	[z]	/z/
<z> final de sílaba	veloz – vez (depende do dialeto)	[s] [z] [ʃ] [ʒ]	/S/
<g> seguido de <a>, <o>, <u>	gata – gota – gula	[g]	/g/
<gu> seguido de <e>, <i>	aguenta – linguística	[gw]	/gʷ/
<g> seguido de <e>, <i>	geral – girafa	[ʒ]	/ʒ/
<j>	jaca	[ʒ]	/ʒ/
<l> início de sílaba	lata	[l]	/l/
<l> final de sílaba	mal (depende do dialeto)	[ɫ] [w]	/l/

Os Quadros 1 e 2 foram apresentados para que pudéssemos agregar os conhecimentos relativos aos fones, fonemas e suas correspondências com os grafemas. A importância da conscientização dessas relações será retomada a seguir.

Vamos continuar refletindo sobre essas habilidades. Propomos a seguinte pergunta: o que significa "ler"? Basta abrir alguns dicionários e veremos que ler vai além de saber juntar letras em palavras. "Ler" significa conhecer, interpretar. Para que a interpretação ocorra, obrigatoriamente, é preciso desvendar o código. Pesquisas têm revelado que analfabetos ou pessoas de baixa instrução não conseguem manipular os sons das palavras, ou seja, não conseguem apagar ou mover fonemas e assim formar novas palavras, atribuindo novos sentidos. Um analfabeto parece não ser capaz de perceber que se for tirado o primeiro som da palavra "meu", ele terá uma nova palavra "eu". Perceba que não estamos aqui falando de letras,

171

mas dos fonemas que elas representam. A esta capacidade de pensar meta-linguisticamente, chamamos de consciência fonêmica.

A consciência fonológica compreende a consciência fonêmica que, por sua vez, envolve a capacidade de reconhecer e manipular fonemas das palavras que constituem a língua. A consciência fonológica, mais ampla do que a fonêmica, implica diferentes habilidades e ocorre no nível da consciência da palavra, da consciência silábica e da consciência fonêmica, revelando-se em um processo de maturação nessa ordem. São cinco as habilidades em consciência fonêmica: (1) apagamento de fonemas; (2) combinação de fonemas; (3) identificação ou detecção de fonemas; (4) segmentação (ou análise ou decomposição) de fonemas; e (5) invariância (ou reversão) de fonemas.

Independente dos pormenores das hierarquias das consciências, o professor deve explorar a representação das classes dos sons, fazendo com que a criança perceba que os fonemas são peças que se combinam para formar palavras. Não podemos esquecer que as letras (ou nome das letras) estão sempre enganando os aprendizes, já que elas guardam valores diferentes dentro de uma só representação. O segredo da decodificação é a relação grafema/fonema (apresentada nos Quadros 1 e 2).

> Como vimos, a consciência fonológica é a habilidade de reflexão sobre as unidades sonoras da língua, a consciência da palavra, da sílaba e dos fonemas. A consciência fonêmica constitui-se em uma sub-habilidade da consciência fonológica, uma vez que se define como a capacidade de atentar para as unidades mínimas da língua – os fonemas.

O grafema é a unidade mínima distintiva (porque não é divisível) de um sistema de escrita, ou seja, é a representação gráfica de um fonema. O 'b', por exemplo, é um grafema que tem uma relação biunívoca, o que significa dizer que o fonema [b], vai ser sempre representado pelo grafema <b>; um grafema para um fonema, não importa diante de qual vogal esteja ou que posição ocupe na palavra, terá sempre o mesmo valor. Os grafemas <p>, <b>, <t>, <d>, <f> e <v> são biunívocos e, por isso, são os mais fáceis de serem aprendidos. Alguns grafemas têm valores previsíveis em algumas posições como é o caso do <m>, <z>, <l> e <n> quando estão em início de vocábulo ou entre vogais; outros vão depender da posição e das letras que vêm antes ou depois. Os grafemas <j> e <g> podem ambos ter valor de /ʒ/, como em 'jeito' ou 'gelo', respectivamente. O grafema <g> pode ter ainda valor de /g/, como em 'gato'. Os grafemas <ss> e <sç> tem valor de /s/ independente do contexto, mas os grafemas <c>, <sc>, <xc>, só terão valor de /s/ quando seguidos de vogais anteriores. Veja em 'na_sce_' (/ˈnase/). Já em 'ta_sca_' (/ˈtaSka/), essa relação muda. O grafema <x> pode ter valores /ʃ/, /s/, /z/ e /ks/ de modo imprevisível, como em 'en_x_ame'(/eNˈʃame/), 'e_x_periência' (/eSperiˈeNsia/), 'e_x_ato' (/eˈzato/) e 'tá_xi_' (/ˈtaksi/), respectivamente.

Geralmente, os futuros alfabetizadores pouco refletem sobre essas questões e não percebem que existe uma hierarquia de complexidade já testada e registrada pelos pesquisadores da Educação. Refletir sobre o grau de dificuldade e, a partir dessa análise, bolar estratégias para o desvendamento do código pode ser uma pista para aqueles que buscam caminhos para alfabetizar. É recomendado que partamos de elementos mais produtivos na língua e daqueles que apresentam uma relação símbolo-som mais simples e, progressivamente, aumentemos o grau de dificuldade. É preciso mostrar aos aprendizes a relação da linguagem oral com a linguagem escrita, buscando desenvolver a consciência metalinguística, primeiramente em uma fase perceptiva. A fase de percepção exige que o texto seja muito próximo dos aprendizes, podendo ser produzido pelo professor junto com os alunos, refletindo a sua realidade e os hábitos do dia a dia. Primeiramente, o professor deve explorar o conteúdo do texto, reproduzindo-o no quadro e chamando a atenção para a forma, para o gênero, relacionando-o com a estrutura física. Guilhermina Corrêa (2003) sugere que o texto seja trabalhado da seguinte forma:

1. Leitura espontânea em que o professor conversa ou conta uma história.
2. Leitura mais lenta, observando-se os limites de cada frase. É quando se justificam os sinais de pontuação e a organização em parágrafos.
3. Leitura lenta e artificial com vistas a mostrar os limites das palavras, buscando a conscientização de que, na fala, não há preocupação com os limites de palavras, mas, na escrita, essa limitação é necessária.
4. Leitura focalizando os limites das sílabas, fazendo com que se percebam mais rapidamente os mecanismos da escrita alfabética.
5. E, por fim, leitura artificial e harmoniosa, salientando a prosódia e conscientizando sobre as sílabas tônicas das palavras.

As leituras sugeridas podem ser feitas em um só texto, mas podem, em outras oportunidades, ser realizadas em textos diferentes e assim o estudante vai passando da fase da percepção para a da decodificação.

Dehaene (2012) também afirma que a leitura só se efetiva quando grafemas são decodificados em fonemas, quando uma unidade visual passa a unidade auditiva. Para que esse processo se efetive, ele sugere que desde cedo a criança seja exposta a jogos simples em que tenha de manipular os sons da fala (rimas, sílabas e fonemas). No campo visual, a criança deve reconhecer, memorizar e traçar as formas das letras. Tanto a forma quanto o som que as letras representam são importantes no processo, e a explicação não deve ser velada, mas explícita.

O que parece ser consenso entre os pesquisadores que defendem a alfabetização por esse viés linguístico é que, tão explícito quanto a relação entre grafemas e fonemas, devem estar os objetivos da leitura. Não se deve esconder do aluno que o objetivo da leitura é a compreensão, e não a soletração de sílabas. As atividades devem conduzir a criança às palavras ou frases compreensíveis que podem ser resumidas, explicadas ou parafraseadas oralmente, mostrando assim a denotação de sentido (Dehaene, 2012).

1.2. Estratégias de ensino

Durante as aulas de Fonética na graduação, o professor estimula seus alunos a perceberam os sons das línguas naturais. Aos poucos, os estudantes vão percebendo os movimentos que seus órgãos ativos e passivos sempre realizaram, mas que nunca foram notados, ou seja, toda a articulação para a comunicação era até então inconsciente. De repente, o estudante coloca uma das mãos espalmada sobre o pescoço e percebe que a única diferença entre a produção de um [f] e um [v] é a vibração das pregas vocais, a sonoridade. Experimentando pronunciar palavras como 'campo' e 'canto', percebe que não precisaria memorizar a velha regra que diz que antes de 'p' e 'b' vem sempre 'm', uma vez que há uma explicação física do movimento articulatório: em palavras como 'campo', os lábios estão em ação para a produção de consoantes bilabiais 'm' e 'p', mas em 'canto', não temos movimentos de lábios, pois a produção de fonemas alveolares 'n' e 't' exige que a língua faça um movimento até os alvéolos. São segmentos que têm o mesmo ponto de articulação – dizendo de outra forma, 'p' e 'm' são homorgânicos, assim como 'n' e 't' também são.

Decoramos para os exames que um fonema é a menor unidade sonora distintiva de uma língua, mas nunca refletimos sobre o que isso quer dizer de fato, muito menos sobre a importância da distinção dos fonemas para o processo de leitura. E agora, refletindo sobre consciência fonológica, parece mais coerente brincar de pares mínimos para identificação de fonemas. De fato, parece que o rumo da escola muitas vezes tomou o caminho da "decoreba", e não o da reflexão e experimentação.

Então, nós, como professores, não cometamos o mesmo erro, ou não nos omitamos diante da responsabilidade de ir atrás de respostas que possam facilitar o aprendizado. As crianças também devem fazer suas experimentações a respeito da língua ao mesmo tempo em que criam hipóteses para seus testes e avançam em suas descobertas. Antes mesmo de iniciar a alfabetização, a criança deve ser estimulada a refletir sobre o que ouve e o que fala. Deve ser capaz de segmentar uma frase em palavras, as palavras em sílabas, e as sílabas em fonemas e assim ir percebendo que a cadeia da fala é decomposta em unidades menores. Mais tarde, ela percebe que essas unidades se repetem em outras palavras e em outros contextos. Podem ser exploradas como habilidades em consciência fonológica, na pré-escola e nas séries iniciais, as seguintes atividades:

- Rima: combinação do som final de uma palavra. A igualdade deve ser sonora, e não gráfica.
- Aliteração: repetição da mesma sílaba ou fonema na posição inicial das palavras. Os trava-línguas e as parlendas são bons exemplos de utilização de aliteração, pois repetem o mesmo fonema várias vezes no decorrer da frase.
- Consciência de palavras: capacidade de segmentar a frase em palavras e, além disso, perceber a relação entre elas e organizá-las numa sequência de sentido. O déficit nessa habilidade pode levar a erros na escrita como aglutinações (por exemplo, em 'abola') de palavras e separações inadequadas (por exemplo, em 'maca' 'co').
- Consciência da sílaba: capacidade de segmentar as palavras em sílabas. Atividades como contar o número de sílabas ou dizer qual é a sílaba inicial, medial ou final de uma palavra podem ser empregadas para o desenvolvimento dessa habilidade.

Adoleta (livro do professor) (Furlan, 2011) é um guia que subsidia o trabalho pedagógico de professores das séries pré-escolares e iniciais. Nesse guia, encontramos algumas sugestões

> Parlendas são rimas infantis, em versos de cinco ou seis sílabas, para divertir, ajudar a memorizar. Possuem uma rima fácil e, por isso, são populares entre as crianças.

para trabalhar a consciência fonológica. O material sugere exercícios fonoarticulatórios que exercitem áreas específicas relacionadas à fala, como lábios, língua e palato. Baseados nesse material, adaptamos algumas de suas sugestões e sugerimos como atividade:

- imitar o motor de um carro, vibrando os lábios;
- passar a língua atrás dos dentes, sobre os alvéolos e sentir as reentrâncias;
- segurar os lábios superiores com as duas mãos, tentando evitar seu movimento e produzir vogais;
- segurar os lábios inferiores com as duas mãos, tentando evitar seu movimento e produzir vogais;
- com a boca aberta, inspirar pelo nariz e expirar rapidamente pela boca;
- projetar os lábios, fazendo "bico", e produzir vogais mantendo o arredondamento dos lábios;
- imitar animais;
- produzir palavras que tenham /S/ e /R/ em posição de coda (final de sílaba), fazendo com que elas sejam produzidas com variações de pronúncia (exemplos: variações para a palavra 'carta': [ˈkaxtɐ], [ˈkaɽtɐ], [ˈkaɾtɐ] e [ˈkartɐ] (como um carioca, um caipira e vibrando uma e várias vezes o 'erre' atrás dos dentes, respectivamente); e para 'mesmo' [ˈmezmo], [ˈmezmʊ], [ˈmeʒmo], [ˈmeʒmʊ], [ˈmeɣmo], [ˈmeɣmʊ], [ˈmemo], [ˈmemʊ]);
- produzir vogais em pares: [e, ɛ]; [o, ɔ]; [i, u]; [e, o]; [ɛ, ɔ]; [u, a];
- produzir as vogais [i, e, ɛ, a] e [u, o, ɔ, a], na sequência;
- produzir as consoantes [p, b, t, d, k, g] sem deixar que elas explodam, ou seja, segurando o ar antes que se solte no ponto de bloqueio (nos lábios, nos alvéolos, entre lábios e dentes e no véu do palato);
- passar a ponta da língua no palato, de dentro para a fora etc.

A proposta é que a criança se divirta com as caretas e com os sons que venha a produzir ao mesmo tempo em que explora as possibilidades do seu trato vocal, e percebe que a fonação muda quando ela modifica algum ou alguns dos elementos que a compõe. Lentamente a criança percebe que a diferença entre o [ɛ] e o [ɔ] é a anterioridade e a posterioridade da língua. A produção das sequências [i, e, ɛ, a] e [u, o, ɔ, a] faz com que percebam que é a altura da língua que está em jogo. Quando brinca em não fazer explodir as consoantes, percebe que elas têm um bloqueio em comum, que nem sempre ocorre no mesmo lugar e que é justamente essa explosão que permite que elas se realizem efetivamente.

O *Adoleta* sugere ainda uma série de exercícios respiratórios que tem por objetivo criar um hábito adequado de respirar e assim melhorar a fonação. Também contempla atividades de rimas, aliterações, consciência de sílabas e de palavras. Ilustramos, a seguir, alguns exemplos que podem inspirar futuros professores.

Atividade de rima:

Apresente para as crianças as seguintes rimas em forma de jogo que podem ser repetidas de maneira lenta e depois rápida.

> Diga "ré", toque o pé.
> Diga "pelo", toque o cabelo.
> Diga "aço", toque o braço.
> Diga "abelha", toque a orelha.
> Diga "desça", toque a cabeça.

Quando as crianças já forem mais experientes com as rimas, dê a pista e deixe que elas digam a palavra: "Diga pão, toque a _____". (Furlan, 2011: 56)

Uma ideia muito interessante para professores das séries iniciais é fazer com que os próprios alunos confeccionem alfabetos móveis, que podem ser feitos de papel, cartolina ou outros materiais. O alfabeto móvel permite uma série de brincadeiras que estimulam a reflexão sobre a relação grafema/fonema. Geralmente, as crianças aprendem primeiro as letras do seu nome, então, os alunos podem começar escrevendo seus nomes e os nomes dos colegas. Depois podem retirar a primeira e a última letra e comparar com os colegas, percebendo as maiúsculas e as minúsculas. O professor pode fazer um ditado com imagens e os alunos devem formar a palavra correspondente. O professor pode apresentar cartelas com palavras que contenham lacunas e os alunos devem completar com as letras que faltam.

O professor pode contar histórias cujos nomes dos personagens sejam grafados com letras semelhantes, mas que tenham valores fonêmicos distintos como em 'Rita' e 'Areta' ou 'Gabriel' e 'Gisele'. Com o auxílio do professor, eles montarão o nome dos personagens e perceberão que uma letra pode corresponder a um ou mais sons. A partir de imagens ou de palavras ditas oralmente, podem brincar com pares mínimos achando palavras que existem e que não existem no português.

A sequência "___ata", por exemplo, tem sentido quando é completada com os grafemas: <b>, <c>, <d>, <g>, <l>, <m>, <n>, <p>, <r>, <ch>, gerando 'bata', 'cata', 'data', 'gata', 'lata', 'mata', 'nata', 'pata', 'rata', chata', respectivamente. Mas poderiam ser aceitas também 'fata', 'jata', 'sata', 'tata', 'vata', 'zata', sequências possíveis, mas que não representam palavras no PB. Os alunos podem brincar de trocar/tirar letras de palavras para produzirem novas palavras, como em 'boca' que pode virar 'cabo' ou 'oca' e, em um nível mais avançado, 'oba' ou 'coa'.

Como podemos observar, alguns métodos, textos e livros têm boas ideias para estimular a consciência fonêmica e facilitar o processo de alfabetização. Com um pouco de criatividade, é possível tornar o aprendizado significativo e muito mais eficaz.

1.3. Letramentos em EJA

A história da escolarização de jovens e adultos no Brasil é permeada por ensejos políticos e sociais que visaram, ainda que muitos tenham ficado apenas nos termos da lei, mudar o rumo da educação. Segundo Haddad e Di Pierro (2000), de 1958 até 1964, período que antecede a ditadura militar, a nação presenciou a mobilização de educadores em redefinir as características específicas e um espaço próprio para essa mudança no ensino de jovens e adultos. Em 1963, Paulo Freire encabeça na cidade de Angicos, no Rio Grande do Norte, a primeira experiência sistematizada de adultos, que durou 40 horas.

O primeiro momento efetivo de alfabetização em Angicos partiu da palavra geradora "belota". Mas o que significa "belota" e por que essa palavra? Os educadores voluntários que participaram do projeto mostravam *slides* com imagens e eram interrogados sobre elas. A primeira imagem apresentada foi a de um homem montado em um burro com uma chibata na mão. A belota (ou borla ou bolota) é o adorno esférico que fica na ponta da chibata e que aparecia em primeiro plano no *slide* (Pelandré, 2002). Depois de discutirem a definição da palavra, os estudantes eram estimulados a refletirem sobre as famílias silábicas, como observamos no exemplo a seguir (Fernandes e Terra, 1994, apud Búrigo, 2012: 74):

"— Dona Francisca, que palavra é essa?

— É belota.

— O que é belota?

— Belota é o enfeite da chibata...

— Quantas famílias tem em belota, seu Toureiro?

— Tem três. A família do be, a família do lo e família do ta.

— Como é a família do ta.

— Ta, te, ti, to, tu...

— O senhor é capaz de escrever uma palavra usando dois tijolinhos da família do ta?

— Tenho pra mim que posso, sim senhor?

Toureiro escreve *tatu*.

— O que é tatu, seu Toureiro?

— É um bicho muito gostoso."

Foram utilizadas 18 palavras geradoras e a cada uma delas correspondiam as famílias silábicas. A seleção das palavras geradoras era feita com base na variedade de fonemas que a palavra apresentava, devendo obedecer a uma ordem crescente de dificuldade e também deveria levar em conta o conteúdo semântico e a representação da realidade decodificada. Ao final da experiência, os estudantes foram submetidos a testes de alfabetização que consistiam em formação de frases, preenchimento de palavras, separação de sílabas e formação de palavras a partir das famílias silábicas.

Paulo Freire, em entrevista a Pelandré (2002), deixou claro que a experiência de alfabetização realizada em Angicos não tinha a pretensão de ser um

179

método, mas fora uma proposta, fruto de sua curiosidade e de seu compromisso político. De acordo com Borges (2003), Freire realizou suas experiências com o que havia disponível, isto é, o método da silabação, pois não era um estudioso no campo da Linguística, mas da Antropologia e da Sociologia; cabe a nós associarmos a Educação Popular aos estudos do socioconstrutivismo. Para Freire, a metodologia era antes de tudo uma "crítica ou dialética da prática educativa", e a prática educativa é antes de tudo um ato político.

A contribuição de Paulo Freire para a escolarização de jovens e adultos foi imensurável, uma vez que ele semeou as ideias de uma educação libertária e para a cidadania ainda em processo de conquista nos dias atuais. O fruto de seu trabalho também é mérito da motivação dos alunos e dos educadores voluntários que se sujeitaram à total imersão nessa situação de ensino-aprendizagem.

Hoje, temos a noção de que 40 horas não são capazes de transformar adultos que desconhecem o código em leitores proficientes e nem em pessoas capazes de realizar leituras automatizadas. Da mesma forma, sabemos que o método silábico não é suficiente para dar conta de estruturas mais complexas, além de ser explorado geralmente a partir de textos artificiais, criados para o ensino.

Segundo Corrêa (2003), podemos observar, ao longo da história dos métodos de alfabetização, a presença marcante do olhar sobre a sílaba. Segundo a autora, a exploração da sílaba se mantém ora no centro ora na periferia dos métodos de alfabetização, e isso é inevitável dado seu estatuto na constituição das palavras. Se a sílaba é um elemento tão importante no processo da alfabetização, o educador deve entender minimamente sua estrutura interna. A compreensão a respeito das posições que podem ou não ser ocupadas no ataque e na rima silábica (que por sua vez é dividida em núcleo e coda) está extremamente relacionada à consciência silábica (que sucede a consciência da palavra e precede a consciência fonêmica, no construto dos diferentes graus de conhecimento da complexidade linguística). A consciência silábica permite segmentar palavras, permutar as sílabas entre si ou a sequência de grafemas e, quem sabe, atribuir novos sentidos à palavra.

Despertar ou desenvolver a consciência silábica nos estudantes vai além do método de silabação que cria estruturas CV.CV. A consciência silábica nos faz entender um pouco melhor assuntos relacionados, por exemplo, à separação silábica, principalmente no que diz respeito aos ditongos crescente e decrescente e aos hiatos, a distinção entre as vogais e semivogais, às sílabas travadas, e tantos outros conteúdos tão caros ao ensino do português.

2. CONHECIMENTOS FONÉTICO-FONOLÓGICOS NA AQUISIÇÃO DA LINGUAGEM

Um profissional da Educação deve estar atento às percepções e as produções em todas as etapas da vida da criança. Afinal, muitas vezes as crianças ficam mais tempo na escola, junto dos professores e assistentes, do que em casa.

Pesquisas demonstram que bebês ainda na barriga das mães são capazes de ouvir, de reconhecer vozes, distinguir sons e reagir a estímulos sonoros (Costa e Santos, 2003). De acordo com a teoria inatista de Noam Chomsky, isso se dá porque a linguagem é um sistema de conhecimentos interiorizados na mente humana. Segundo essa teoria, a criança nasce com uma "Gramática Universal", uma espécie de órgão biológico mental que evolui no indivíduo. A fase final do desenvolvimento desse órgão é a gramática do indivíduo adulto. O psicólogo e linguista Steven Pinker, que acredita no "gene da linguagem" (o Foxp2) e que concebe a linguagem como uma forma de instinto, afirma que todos os bebês vêm ao mundo com dotes linguísticos. De qualquer modo, podemos supor que o processo de aquisição da linguagem começa ainda antes do nascimento e que o aprendizado não se dá apenas por imitação ou repetição.

Nos primeiros meses de vida, os bebês já são capazes de discriminar os sons da fala e já demonstram atenção especial à prosódia materna. Pesquisas recentes revelam também que as competências linguísticas do bebê já têm uma organização anatômica nas regiões do cérebro. Ainda que uma criança de 3 meses se expresse apenas por arrulhos, a sua "área de Broca", região do cérebro atrelada à produção de fala e análise da gramática, se ativa quando ela escuta frases. À medida que vai distinguindo os sons e se apropriando da fonologia da língua que se fala na sociedade em que está inserida, vai especificando seu conhecimento linguístico e limitando o leque de possibilidades para outras línguas.

No primeiro ano de vida, há uma mudança anatômica no aparelho fonador da criança, que passa a ser distinta da dos demais mamíferos não humanos, se preparando para a fala. Com o crescimento da criança, ocorrem outras modificações, por exemplo, na posição da laringe, de modo que a criança possa produzir os diversos sons utilizados pelos adultos.

Os pesquisadores ainda não estão muito afinados em relação ao período exato das etapas que compõem o processo de aquisição da linguagem. Para Bates e Goodman (1997, apud Scarpa, 2001), a trajetória parece universal, ou seja,

> [...] as crianças começam o balbucio, primeiro com vogais (cerca de 3 ou 4 meses em média), depois com combinações de vogais e consoantes de complexidade crescente (geralmente entre 6 e 12 meses). As primeiras palavras emergem entre 10 e 12 meses, em média, embora a compreensão de palavras possa começar algumas semanas antes. [...] Lá pelos 24 a 30 meses, há uma espécie de explosão vocabular e aos 3 ou 3 anos e meio, a maioria das crianças normais já dominou as estruturas sintáticas e morfológicas de línguas maternas (Scarpa, 2001: 224).

Para Pinker (2002), o balbucio dos primeiros 4 meses não tem valor linguístico. "Entre 5 e 7 meses as crianças começam antes a brincar com os sons do que a usá-los para expressar seus estados físicos e emocionais" (Pinker, 2002: 337), aprendem que músculo mover e em que sentido para obter a mudança do som. Costa e Santos (2003) relatam que psicólogos, com base em observações, percebem que, até uma determinada fase de desenvolvimento, as crianças não são capazes de utilizar a linguagem para referir entidades que não estão presentes no momento em que estão falando. Mas, quando uma criança começa a pronunciar certa junção de fonemas em presença do objeto ou da pessoa, então pode-se inferir que a criança está relacionando a palavra ao objeto/pessoa. Os autores ressaltam ainda que é a emoção de ver uma criança se expressar que nos faz dar sentido ao balbucio. Silveira (2006) confirma, para o português brasileiro, algumas hipóteses já levantadas por outros autores sobre o balbucio canônico, ou seja, quando a produção silábica já é semelhante a do adulto:

- palavras dissilábicas são as preferidas pelas crianças;
- as consoantes coronais ocorrem em maior número, seguidas pelas labiais e posteriores (recuadas);
- as vogais centrais são as mais recorrentes nesta fase (na idade adulta, as vogais anteriores são mais frequentes na escrita e na fala);

- o padrão silábico preferido é CV, seguido por V (na idade adulta, a sequência mais recorrente é CV e CVC);
- intrassilabicamente, os padrões consoante coronal + vogal anterior e consoante labial + vogal central são recorrentes (a literatura descreve também para esta posição o padrão consoante posterior + vogal posterior);
- interssilabicamente, o padrão duplicado mais recorrente parece ser coronal + coronal, seguido de labial + labial; posterior + posterior são mais frequentes do que padrões variados, ou seja, com diferentes segmentos ocorrendo em sílabas sucessivas. O padrão labial + coronal também é significativo (Silveira, 2006: 139).

O mais importante para um profissional que lida com crianças em idade pré-escolar é observar e monitorar o ritmo dessa comunicação, afinal, a criança não se comunica apenas pela expressão vocal, mas pelo olhar e pelo choro. Segundo Costa e Santos (2003), o choro e, ao fim do primeiro mês, o sorriso são as primeiras formas de comunicação efetiva entre a criança e seus pais. "O bebê é motoramente limitado, mas seus músculos sociais estão sob excelente controle, e com um sorriso, um arrulho ou um olhar ele consegue fazer com que os outros levantem suas sobrancelhas, sorriam e vocalizem de forma extremamente variada" (Fletcher e MacWhinney, 1997: 236).

Sendo assim, nesta fase, é preciso que professores e assistentes estejam atentos à tentativa de produção oral, mas também a esses outros elementos que fazem parte da comunicação humana. Na escola, é o professor que tem contato direto com seus alunos e assim tem as melhores oportunidades de observar as condições dos alunos e tomar providências para a solução de problemas junto aos pais e aos órgãos de atendimento. A atenção do profissional pode auxiliar a família na descoberta de patologias que quanto antes detectadas mais fáceis de serem tratadas.

Perito e Mantette (1991, apud Karnopp e Quadros, 2001) verificaram que o balbucio é um fenômeno que ocorre tanto em bebês ouvintes quanto surdos, no mesmo período de desenvolvimento. Segundo as pesquisadoras, as crianças surdas ou ouvintes apresentam um balbucio oral paralelo ao balbucio manual, mas, nas crianças surdas, as vocalizações são interrompidas quando as produções manuais cessam nas crianças ouvintes. Alguns pesquisadores também descobriram que o balbucio canônico em crianças surdas ou com perdas auditivas profundas é mais tardio; outros estudos demonstram que existem diferenças significativas entre as vocalizações de crianças ouvintes e crianças surdas, não só em relação ao período de início, mas também no que diz respeito à produção de sílabas.

Em vista do que vimos, os estudos em Fonética e Fonologia podem auxiliar no desenvolvimento de melhores estratégias para uma alfabetização e um letramento mais adequados.

3. O PRECONCEITO LINGUÍSTICO

Uma das questões que muito nos interessa na nossa área da Fonética e da Fonologia é o preconceito linguístico ligado aos fenômenos fonéticos. As realizações que trocam, por exemplo, o 'l' pelo 'r' em encontros consonantais, como em 'chicrete', 'bicicreta' e 'framengo' são extremamente estigmatizadas. Entretanto, se olharmos para a etimologia de várias palavras do PB, encontraremos que a palavra 'branco' teve origem da palavra germânica 'blank'; o mesmo se deu com as palavras como 'cravo', 'fraco' e 'praga', que são originárias das palavras latinas 'clavu', 'flaccu' e 'plaga', respectivamente. Encaremos então que o encontro consonantal realizado com 'l' é um aspecto "estrangeiro" e que precisa ser assim encarado dentro da sala de aula. Outros fenômenos fonéticos e fonológicos que aparecem na fala e se refletem na escrita são:

- o apagamento do /R/ em final de palavra ('comer'>'comê', 'corredor'>'corredô');
- o apagamento da marca de plural ('as mesas'>'as mesa', 'os pastéis'>'os pastel');
- a monotongação e ditongação ('cadeira'>'cadera'; 'três'>'treis'),
- a assimilação do /d/ em algumas variantes ('pagando'>'pagano'),
- a despalatização ou a semivocalização ('mulher'>'mulé','muié'), dentre muitos outros.

Discutir e mostrar aos alunos toda essa variedade de produções sem um olhar avaliativo, mas apenas curioso, pode ajudar na percepção das regras usadas nos diferentes níveis de língua e pelas diferentes comunidades de fala. É interessante e importante mostrar que as mudanças listadas anteriormente seguem certas regras que constituem o PB, e não são resultado de forças aleatórias ou mesmo de incapacidade cognitiva de certos falantes. Havendo uma maior compreensão desses fatos, haverá maior tolerância às diferenças, tendo-se consciência de que, inevitavelmente, todos nós produzimos sentenças que não estão de acordo com as regras gramaticais presentes nas gramáticas normativas.

* * *

Esperamos que este capítulo tenha conseguido aproximar a Fonética e a Fonologia do campo do ensino e que o conhecimento sobre essas duas disciplinas possa auxiliar na elaboração de práticas pedagógicas menos árduas e que façam mais sentido para o aluno e o professor.

O professor deve refletir sobre como ele encara os erros e os desvios dos alunos e o valor que dá à gramática normativa. Muitas das produções orais e escritas revelam uma mudança lenta e gradual do português brasileiro que não pode ser simplesmente encarada como "erro". Trazer explicações sócio-históricas (que incluam mudanças fonéticas, semânticas e morfossintáticas) para dentro de sala de aula estimula a reflexão metalinguística. Quando refletimos sobre as correlações e as incoerências das relações entre fala e escrita, avançamos no domínio da língua e mudamos o olhar sobre as falhas. Existe uma diferença entre impor regras e mostrar as opções de uso e as implicações de suas escolhas.

Leituras sugeridas

BAGNO, M. *A língua de Eulália*: novela sociolinguística. São Paulo: Contexto, 1999.
> Nesta obra, o autor discute questões relacionadas à variação sociolinguística verificada nos usos do português. Essa discussão é feita de forma bastante didática, a partir de reflexões feitas por personagens, que incluem Irene, uma linguista, e Eulália, a empregada de Irene. A partir das conversas entre os personagens, o autor promove uma reflexão sobre as variantes do português que dizem respeito ao tempo decorrido (diacrônicas), a questões geográficas (diatópicas) e sociais (diástricas) e também sobre o português padrão e o não padrão.

CAGLIARI, Luiz Carlos. *Alfabetização e linguística*. São Paulo: Scipione, 1996.
> Neste texto, o autor quer auxiliar o profissional da Educação a encarar as dificuldades linguísticas encontradas em sala de aula no momento da alfabetização. Discute as funções e usos da escrita no processo de alfabetização e a relevância da fala da criança quando chega à escola para se evitarem preconceitos linguísticos, incluindo uma discussão sobre variação linguística. É um convite aos educadores a pensarem o ensino de português pelo viés da Linguística e a refletirem sobre o preconceito linguístico que emperra o processo de alfabetização.

Lamprecht, Regina et al. *Aquisição fonológica do português*: perfil de desenvolvimento e subsídios para a terapia. Porto Alegre: Artmed, 2004.

Neste livro as autoras apresentam um compilamento de mais de 20 de anos de pesquisas na área da aquisição fonológica do português brasileiro. É possível, através de sua leitura, conhecer o padrão de aquisição dos fonemas da língua, em termos de ordem cronológica e de emergência dos contrastes, bem como as estratégias de reparo mais usadas por crianças brasileiras.

Lemle, M. *Guia teórico do alfabetizador*. São Paulo: Ática, 1987.

Este texto traz uma introdução à escrita e às propostas pedagógicas para o ensino da leitura, considerando as experiências, conhecimentos e preocupações de professores alfabetizadores.

Exercícios

1. Contando um causo!

Diálogo entre a vizinha de um casal que tinha a filha doente. A menina tinha manchas no corpo e uma forte diarréia e os pés e as mãos estavam sempre cruzados. O pai, seu Diolindo, vai levar a menina ao médico, mas antes ouve o que a vizinha , Sinhá Simpiliça, tem a dizer:

"— Sô Diolindo, ocê me adescurpe, mági eu quero pidi licença sua e da sua muié, prá móde dá o mô parecê nesse causo. Prô qui eu sê co senhôri vai gastá o seu tempo e dinhero prá móde chegá inté na Capitáli prá pidi consurta do dotôri de lá. Ele vai arreceitá rumédo de butica pró móde que ele não tem cunhecimento dessa duença que a sua fija tá sofrendo. Eu vô usá de franqueza com ocês. A duença dessa criança é empresamento e isso não éduença prá dotôri da cidade curá. Só se cura cás palavra que o Nosso Sinhôri insinô quando andô aqui pela terra. Memo ansim é perciso que a pessoa que tenha a virtude de usá as palavra Dele seje munto boa. O sinhôri tome um cavalo e vá inté a Freguesia da Lagoa e traga aqui, prá móde curá a sua fija, a Chica do Mané Pedro Maré Seca. Aquela, sim, como binzidera arrecebeu toda graça do podê das palavra santa da santa binzidura que Deus dexô cá na terra. Vá, sô Diolindo, vá num preca tempo."

(Adaptado de GUANDALIN, R. *Variação linguística*: o discurso como prática social: oralidade, leitura, escrita, literatura. Disponível em: <http://www.portugues.seed.pr.gov.br/arquivos/File/livrodidatico.pdf> Acesso em: 23 ago. 2014).

1. O que você conseguiu compreender da conversa entre Sô Diolindo e Sinhá Simpiliça?
2. Transcreva o trecho do diálogo como se ele estivesse acontecendo na sua casa. Respeite as formas de falar das pessoas que convivem com você.
3. Agora transcreva o trecho na "norma culta padrão" e analise quais são as diferenças. Quais são os elementos que somem e os que aparecem na língua falada em relação à escrita?
4. Observe que a língua falada da Sinhá Simpiliça não é a mesma que você descreveu. Você acredita que existe algum lugar em que se fala assim ou será que essa maneira de falar já não é mais usual? Você acredita que as línguas faladas mudam no decorrer dos anos? Discuta com os colegas como seus pais e avós falam e reflita sobre como a língua escrita está longe da nossa oralidade.
5. Discuta outras diferenças que você observa na língua falada e na língua escrita e crie hipóteses sobre por que as pessoas falam de maneiras distintas. Considere idade, região onde mora, locais como casa, trabalho e amigos.

2. Leia as piadas e responda às questões.

Piada 1: Na roça
Um homem que morava na cidade sentiu vontade de sentir o cheiro do mato. Ao chegar lá no interiorzinho, onde vivia seu compadre Bastião, foi encontrá-lo na roça. Depois de muitas conversas resolveu brincar de antônimo com o compadre Bastião:
— Compadre, sabe o que é antônimo?
— num sê não.
— É o oposto, vou dar uns exemplos. O antônimo de gordo é magro, de fraco é forte, de rico é pobre. Entendeste?
— Agora eu já sê cumpade! E vou lhe proguntar: — Ocê sabe o antônimo de fumo?
— mas... fumo não tem antônimo, fumo é o que você planta.
— É não sô... o contrário de FUMO é VORTEMO.
(Disponível em: <http://mundoletras2009.blogspot.com.br/2008/11/piada-para-trabalhar-variaes-lingsticas.html>. Acesso em: 23 ago. 2014)

Piada 2: O mineiro

Perguntaram ao mineiro: — Diz aí um verbo! Ele pensou, pensou e respondeu indeciso: — Bicicreta. — Não é bicicreta, seu mineiro burro, é bicicleta. E bicicleta não é verbo! Perguntaram a outro mineiro: — Diz você aí um verbo! Ele também pensou, pensou e arriscou ressabiado: — Prástico. — Não é prástico, ô mineiro burro, é plástico. E plástico não é verbo! Perguntaram a um terceiro mineiro: — Diz aí um verbo! Esse aí nem pensou: — Hospedar. — Muito bem! Até que enfim um mineiro inteligente. Agora diga aí uma frase com o verbo que você escolheu. O mineiro encheu o peito de coragem e mandou bala: – Hospedar da bicicreta são de prástico!
(Disponível em: <http://www.mundodaspiadas.net/c/mineiro>. Acesso em: 23 ago. 2014)

Piada 3: A alfaiataria e o professor de português.

O professor de português, recém-chegado naquela cidadezinha, resolve fazer um terno. Ao passar por uma alfaiataria, ele lê o letreiro: "Arfaiataria Aguia di Oro". Ao entrar, ele cumprimenta o proprietário e, tentando ser gentil, tece um elogio: – Parabéns! Gostei do nome que você colocou na sua loja. Águia de Ouro! É um nome imponente! O caipira olha para ele com ar desconfiado e responde: – Discurpi seu dotô! Pode ser imponente, mas o sinhô falô errado. Não é "Águia di oro" e sim "Agúia di oro"!
(Disponível em: <http://www.mundodaspiadas.net/page/1576>. Acesso em: 23 ago. 2014)

Após ter lido as três piadas, respondas às questões:

1. Em cada uma das três piadas percebemos que temos personagens que falam "errado". Que tipo de "erro" essas pessoas cometem quando falam?

2. Na Piada 1, temos a palavra "vortemo", na Piada 2, "prástico" e "bicicreta" e na Piada 3, "aguia". Como essas palavras são grafadas corretamente? Que tipo de troca esses falantes fazem? Você poderia dar outros exemplos de palavras que geralmente são produzidas desta forma?

3. Na Piada 1, a situação se passa no "interiorzinho", na Piada 2, o personagem principal é um mineiro e na Piada 3 temos a conversa entre um alfaiate e um professor de português em uma "cidadezinha". Discuta as possíveis relações de preconceito quando atrelamos um jeito de falar a um tipo de pessoa, uma região ou profissão. Cite outros exemplos.

4. Se você prestar bastante atenção, mesmo professores ou pessoas que estudaram não falam do jeito que escrevem, porque a escrita é um código separado da fala. A fala é carregada de influências. Se vivemos em São Paulo falaremos de um jeito, se moramos no Rio de Janeiro falaremos de outro. Em casa temos um tipo de falar diferente daquele que temos com amigos ou com professores na escola. É normal o "o" átono que finaliza palavras ser pronunciado como "u", como em "pato" que vira "patu". Também juntamos palavras, como em "os amigos" que vira "ozamigus". Escreva frases da maneira como falamos, prestando atenção em cada som e como eles se juntam e compare com a forma escrita.

3. O Bingo de nomes

Nível: Alfabetização

Para realizar esse jogo é preciso que o professor monte as cartelas do bingo. Cada uma das cartelas deve conter os nomes dos alunos combinados de diversas formas.

O professor deve ter também minicartelas que contenham as letras dos nomes separadas.

Veja o exemplo das cartelas:

JOÃO	RUBENS	MARIA
GABRIELA	MÁRCIO	CÁTIA

DANIELA	RUBENS	GERALDO
MARIA	JOÃO	LARA

Exemplo de cartelas com letras separadas:

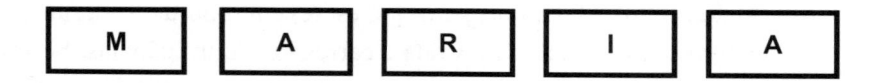

O professor sorteia um nome, mas não o lê em voz alta, como faria em um bingo convencional. Ele deve ir dizendo aleatoriamente nome de letras contidas na palavra sorteada: "este nome tem a letra 'A'"; "este nome tem a letra 'R'". Os alunos devem ir circulando as letras nas cartelas. A medida que o professor percebe que os alunos encontraram as letras, ele cola a letra no quadro. Não precisará chegar ao final da soletração para que os alunos tenham descoberto qual nome foi sorteado.

Ganha o aluno que descobrir primeiro.

Depois que se revelou o nome sorteado, o professor deve montá-lo no quadro com as minicartelas.

Ele deve repetir a atividade até que tenha alguns nomes no quadro e que possa mostrar para os alunos que algumas letras, dependendo de onde estiverem, tem um som diferente. O 'R' está presente em Rubens, Maria, Geraldo e Gabriela. O 'L' está presente em Lara, Gabriela e Geraldo. O 'C' está presente em Márcio e Cátia, e assim por diante. Manipulando as cartelas das letras o professor mostra que as letras assumem um valor diferente dependendo do contexto em que estão inseridas.

Essa atividade pode ser feita com cartelas que contenham outros tipos de nomes, como de frutas ou animais. Sugerimos que a primeira experiência seja com os nomes dos alunos, pois eles já se conhecem e podem acessar a forma escrita com mais facilidade.

Obs.: Essa atividade também pode ser aplicada na alfabetização de jovens e adultos.

CONSIDERAÇÕES FINAIS

Chegamos ao fim deste livro. Acreditamos que o principal objetivo que queríamos alcançar tenha sido de fato alcançado – *que o estudante, com base em sua própria língua, tenha compreendido os fenômenos relativos às propriedades articulatórias dos sons do português brasileiro e seu sistema fonológico.*

Queremos pensar também que, apesar de ser um texto que trata de uma área pouco explorada no ensino médio, conseguimos apresentar conceitos e um pouco das teorias a eles relacionadas de maneira mais esclarecedora, levando o leitor, a partir de exemplos, a uma maior proficiência no assunto aqui tratado.

Gostaríamos de finalizar este livro pensando ainda que motivamos nosso leitor a se aprofundar nessa temática, quer olhando em mais detalhes questões relacionadas à produção da fala, quer tratando de questões mais abstratas relacionadas às teorias fonológicas. Ou mesmo às duas, haja vista nossa discussão inicial sobre a dificuldade de dissociação entre a Fonética e a Fonologia.

Finalizamos este texto dizendo que, se observarmos as áreas que têm interfaces com a Fonética e a Fonologia, veremos que muitas delas prescindem de estudos deste tipo, que são requisitos básicos para aqueles que vão atuar nessas interfaces.

Se conseguimos atingir esses objetivos, acreditamos que valeu a empreitada de construção deste texto.

BIBLIOGRAFIA

ALMEIDA-FILHO, J. C. P. A trajetória de mudanças no ensino e aprendizagem de línguas: ênfase ou natureza. In: _____. *Linguística aplicada*: ensino de línguas & comunicação. 2. ed. Campinas: Pontes Editores/Arte Língua, 2007, pp. 61-75.

BACK, Eurico. São fonemas as vogais nasais do português? *Revista Construtura*. São Paulo, n. 4, 1973, pp. 297-317.

BAGNO, M. *A língua de Eulália*: novela sociolinguística. São Paulo: Contexto, 1999.

_____. *Preconceito linguístico*: o que é, como se faz. São Paulo: Loyola, 2011.

BISOL, Leda. *Introdução a estudos de fonologia do português brasileiro*. 3. ed. Porto Alegre: EdiPUCRS, 2001.

BORGES, L. Ler o mundo para ler a palavra: alfabetização em Paulo Freire. In: FARIAS, D. S. (org.). *Alfabetização*: práticas e reflexões; subsídios para o alfabetizador. Brasília: Editora da UnB, 2003, pp. 24-8.

BÚRIGO, T. S. *Ideologia e identidade cultural nos materiais didáticos da educação de jovens e adultos no Brasil*. Criciúma, 2012. Dissertação (Mestrado em Educação) – Universidade do Extremo Sul Catarinense.

CAGLIARI, Luiz Carlos. *Elementos de fonética do português brasileiro*. Campinas, 1981. Tese (Livre Docência em Linguística, Letras e Artes) – Universidade Estadual de Campinas.

_____. *Alfabetização e linguística*. São Paulo: Scipione, 1996.

_____. *Análise fonológica*: introdução à teoria e à prática com especial atenção para o modelo fonêmico. Campinas: Mercado das Letras, 2002.

CALLOU, Dinah; LEITE, Yonne. *Iniciação à fonética e à fonologia*. 5. ed. Rio de Janeiro: Jorge Zahar, 1990.

CÂMARA JR., Joaquim M. *Para o estudo da fonêmica portuguesa*. 2. ed. Rio de Janeiro: Organizações Simões, 1977.

_____. *Estrutura da língua portuguesa*. 16. ed. Petrópolis: Vozes, 1986.

CAVALIERE, Ricardo. *Pontos essenciais em fonética e fonologia*. Rio de Janeiro: Lucerna, 2005.

CERUTTI-RIZZATTI, M. E. *No universo (referencial) da teoria*: consciência fonológica e consciência fonêmica. Porto Alegre, 2004. Tese (Doutorado em Letras) – Universidade Federal do Rio Grande do Sul.

CHOMSKY, Noam; HALLE, Morris. *The Sound Pattern of English*. New York: Harper and Row, 1968.

CLARK, John; YALLOP, Colin. *An Introduction to Phonetics and Phonology*. 2. ed. Cambridge (USA): Blackwell, 1995, pp. 10-55.

COLLISCHONN, G. A sílaba em português. In: BISOL, L. (org.). *Introdução aos estudos de fonologia do português brasileiro*. Porto Alegre: EdiPUCRS, 2001.

CORRÊA, G. Processo de alfabetização com base linguística. In: FARIAS, D. S. (org.). *Alfabetização*: práticas e reflexões; subsídios para o alfabetizador. Brasília: Editora da UnB, 2003, pp. 64-74.

CORRÊA, V. R. Método silábico: do passado à atualidade. In: FARIAS, D. S. (Org.). *Alfabetização*: práticas e reflexões; subsídios para o alfabetizador. Brasília: Editora da UnB, 2003, pp. 29-34.

COSTA, J.; SANTOS, A. L. *A falar como os bebês*: o desenvolvimento linguístico das crianças. 2. ed. Lisboa: Caminho, 2003.

CRISTÓFARO-SILVA, Thaïs. O método das vogais cardeais e as vogais do português brasileiro. *Revista de Estudos Linguísticos*. Belo Horizonte, UFMG, v. 8, n. 2, 1999.

_____. *Fonética e fonologia do português*: roteiro de estudos e guia de exercícios. 6. ed. São Paulo: Contexto, 2002.

_____. *Dicionário de fonética e fonologia*. São Paulo: Contexto, 2011.

DEHAENE, S. *Os neurônios da leitura*: como a ciência explica a nossa capacidade de ler. Porto Alegre: Penso, 2012.

D'INTRONO, Francesco; TESO, Enrique; WESTON, Rosemary. Fonologia generativa. In: _____. *Fonética y fonología actual del español*. Madri: Cátedra, 1995, pp. 315-37.

DUBOIS, J. et al. *Dicionário de linguística*. São Paulo: Cultrix, 1973.

FLETCHER, P.; MACWHINNEY, B. *Compêndio da linguagem da criança*. Porto Alegre: Artes Médicas, 1997.

FURLAN, C. (org.). *Adoleta*. São Paulo: Secretaria de Educação de São Paulo, 2011. (Livro do professor). Disponível em: <http://www.educ.net.br/portal/index.php/category/5-cadernos-do-professor?download=5:caderno-do-professor>. Acesso em: 20 ago. 2012.

GODOY, D. Por que ensinar as relações grafema-fonema? *Revista Psicopedagogia*. v. 25, n. 77, 2008, pp. 109-19.

HADDAD, S., DI PIERRO, M. C. Escolarização de jovens e adultos. *Revista Brasileira de Educação*. n. 14, maio/ago. 2000, pp.108-30.

HEAD, B. F. *A Comparison of the Segmental Phonology of Lisbon and Rio de Janeiro*. Austin, 1964. Thesis (Ph. D. in Linguistics Thesis) – University of Texas.

HERNANDORENA, Carmem Lúcia. Sobre a descrição de desvios fonológicos e de fenômenos da aquisição da fonologia. *Letras de Hoje*. Porto Alegre, PUCRS, v. 30, n. 4, dez. 1995, pp. 91-110.

ISTRE, Giles L. *Fonologia transformacional e natural*: uma introdução crítica. Florianópolis: Núcleo de Estudos Linguísticos, 1983.

INSTITUTO BRASILEIRO DE GEOGRAFIA E ESTATÍSTICA. *Pesquisa nacional por amostra de domicílios – 2009*. Disponível em <http://www.ibge.gov.br/home/estatistica/populacao/trabalhoerendimento/pnad2009/>. Acesso em: 20 ago. 2012.

JAKOBSON, Roman; FANT, Gunnar; HALLE, Morris. *Preliminaries to Speech Analysis*: the Distinctive Features and their Correlates. Cambridge: The MIT Press, 1952.

JOSÉ, E. A.; COELHO, M. T. *Problemas de aprendizagem*. São Paulo: Ática, 2006.

KARNOPP, L; QUADROS, R. M. Educação infantil para surdos. In: ROMAN, E. D.; STEYER, V. E. (org.). *A criança de 0 a 6 anos e a educação infantil*: um retrato multifacetado. Canoas: ULBRA, 2001, pp. 214-30.

KLEIMAN, A. Os significados do letramento. In: _____. (org.). *Os significados do letramento*: uma nova perspectiva sobre a prática social da escrita. Campinas: Mercado das Letras, 1995, pp. 15-65.

LAMPRECHT, Regina et al. *Aquisição fonológica do português*: perfil de desenvolvimento e subsídios para a terapia. Porto Alegre: Artmed, 2004.

LEMLE, M. *Guia Teórico do alfabetizador*. São Paulo: Ática, 1987.

MAIA, Eleonora Motta. *No reino da fala*: a linguagem e seus sons. 3. ed. São Paulo: Ática, 1991.

MALMBERG, Bertil. *A fonética*: no mundo dos sons da linguagem. Lisboa: Livros do Brasil, 1954.

MASSINI-CAGLIARI, Gladis; CAGLIARI, Luiz Carlos. Fonética. In: MUSSALIM, Fernanda; BENTES, Anna Christina (orgs.). *Introdução à linguística*: domínios e fronteiras. São Paulo: Cortez, 2001.

MATEUS, Maria Helena Mira et al. *Fonética, fonologia e morfologia do português*. Lisboa: Universidade Aberta, 1990, pp. 59-96.

OLIVEIRA, Sidneya G.; BRENNER, Terezinha de Moraes. *Introdução à fonética e à fonologia da língua portuguesa*: fundamentação teórica e exercícios para o 3º grau. Florianópolis: Ed. do autor, 1988.

PADOVANI, C. M. C. A; TEIXEIRA, E. R. Do balbucio à fala – reflexões sobre a importância das atividades linguísticas iniciais e o desenvolvimento da linguagem oral em crianças com deficiência auditiva. *Revista Distúrbios da Comunicação*. São Paulo, v. 17, n. 1, abr. 2005, pp. 45-54.

PELANDRÉ, N. L. *Ensinar e aprender com Paulo Freire*: 40 horas 40 anos depois. São Paulo: Cortez, 2002.

PINKER, S. *O instinto da linguagem*: como a mente cria a linguagem. São Paulo: Martins Fontes, 2002.

PONTES, E. *Estrutura do verbo no português coloquial*. Petrópolis: Vozes, 1972.

RAPOSO, E. P. *Teoria da gramática*: a faculdade da linguagem. Lisboa: Caminho, 1992.

RUSSO, Iêda; BEHLAU, Mara. *Percepção da fala*: análise acústica. São Paulo: Lovise, 1993.

SAUSSURE, Ferdinand de. *Curso de linguística geral*. 30. ed. São Paulo: Cultrix, 2002.

SCARPA, E. M. Aquisição da linguagem. In: MUSSELIN, F. BENTES, A. C. (org.). *Introdução à linguística*: domínios e fronteiras. 2. ed. São Paulo: Cortez, 2001 pp. 203-32.

SCLIAR-CABRAL, L. *Guia prático de alfabetização*. São Paulo: Contexto, 2003.

SEARA, Izabel Christine; NUNES, Vanessa Gonzaga; LAZZAROTTO-VOLCÃO, Cristiane. *Fonética e fonologia do português*. 2. ed. Florianópolis: Editora da UFSC, 2011.

SEARA, Izabel Christine. *Estudo estatístico dos fonemas do português falado na capital de Santa Catarina para elaboração de frases foneticamente balanceadas*. Florianópolis, 1994. Dissertação (Mestrado em Linguística) – Universidade Federal de Santa Catarina.

_____. *Estudo acústico-perceptual da nasalidade das vogais do português brasileiro*. Florianópolis, 2000. Tese (Doutorado em Linguística) – Universidade Federal de Santa Catarina.

SILVEIRA, Karine Araújo. *Padrões segmentais, lexicais, silábicos, intrassilábicos e inter-silábicos em crianças falantes de PB*. Salvador, 2006. Tese (Livre Docência em Linguística Aplicada) – Universidade Federal da Bahia.

WEEDWOOD, Bárbara. *História concisa da linguística*. São Paulo: Parábola, 2002.

AS AUTORAS

Izabel Christine Seara é mestre e doutora em Linguística pela Universidade Federal de Santa Catarina (UFSC). É professora, na graduação, da disciplina de Fonética e Fonologia nos cursos de Letras-Português, presencial e a distância, do Departamento de Língua e Literatura Vernáculas (DLLV) da UFSC. Tem pós-doutorado em Fonética Articulatória pela Université Paris III – Sorbonne Nouvelle. Atua também na pós-graduação em Linguística na área de Teoria e Análise Linguística, com a linha de pesquisa "A fala do ponto de vista perceptual-acústico-articulatório e os modelos fonológicos". É pesquisadora junto ao Laboratório de Fonética Aplicada (FONAPLI) do DLLV.

Vanessa Gonzaga Nunes é licenciada em Letras e mestre em Linguística pela Universidade Federal de Santa Catarina (UFSC). É doutoranda na área de Teoria e Análise Linguística do Programa de Pós-graduação em Linguística também da UFSC. Já foi tutora e professora da disciplina de Fonética e Fonologia do Português Brasileiro em duas edições do curso de Letras – Português a distância (EaD) da UFSC. É uma das pesquisadoras do Laboratório de Fonética Aplicada (FONAPLI) do Departamento de Língua e Literatura Vernáculas (DLLV). É professora de Francês do Departamento de Letras Estrangeiras (DLES) da Universidade Federal de Sergipe (UFS).

Cristiane Lazzarotto-Volcão é mestre e doutora em Linguística, na área de Linguística Aplicada pela Universidade Católica de Pelotas. É professora da disciplina de Fonética e Fonologia e de Aquisição da Linguagem do Departamento de Língua e Literatura Vernáculas (DLLV), na graduação, atuando também no curso de Letras-Português a distância (EaD) e no Programa de Pós-Graduação em Linguística na área de Teoria e Análise Linguística, com as linhas de pesquisa "A fala do ponto de vista perceptual-acústico-articulatório e os modelos fonológicos" e "Aquisição e processamento da linguagem". É pesquisadora junto ao Laboratório de Fonética Aplicada (FONAPLI) do DLLV.

DICIONÁRIO DE FONÉTICA E FONOLOGIA

Thaïs Cristófaro Silva

Poucos livros nascem com vocação para obra de referência. Daí o orgulho da Editora Contexto em apresentar este aguardado e moderno dicionário de fonética e fonologia que lista nada menos do que 730 verbetes. Cuidadosamente concebido por Thaïs Cristófaro (pós-doutora em Linguística pela Universidade de Londres e professora titular da Universidade Federal de Minas Gerais), e realizado por uma pequena equipe sob sua direção, este dicionário apresenta definições simples e objetivas, ao alcance de todos os interessados.

Para torná-lo mais fácil de ser consultado, cada termo técnico da obra, apresentado em português, traz também o seu correspondente em inglês. Dessa forma, o leitor pode pesquisar de modo mais rico e abrangente, evitando equívocos e trabalho extra. Outra característica relevante, pouco presente em trabalhos equivalentes, é o uso de figuras vinculadas a alguns verbetes. A consulta fica muito mais fácil, as descrições ficam mais compreensíveis.

Além de alunos e professores na área de Letras e Fonoaudiologia, o Dicionário de fonética e fonologia passa a dotar pesquisadores e profissionais de Psicolinguística, Pedagogia, Música e Tecnologia da Fala de um instrumento indispensável.

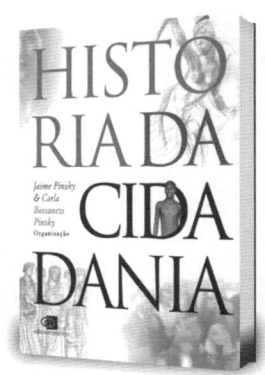